孟宪承文集

· 卷三

孟宪承 著

大学教育

主编 瞿葆奎

副主编 杜成宪

华东师范大学出版社

孟宪承夫妇与次子孟永伟一家合影（约 60 年代）

國立浙江大學龍泉分校外國語文學系留影

浙江大学龙泉分校外语系师生合影。前排左起孟宪承、郑晓沧、林天兰（1941 年）

国立浙江大学教育系 1948 届学生毕业纪念,前排左起:吴向、陈学恂、王承绪、王倘、陈立、孟宪承、俞子夷、潘渊、郑晓沧、赵瑞瑛、朱希亮、陆永福、沈金相;第二排左一周淮水,三排左二魏春孚(1948 年)

国立浙江大学教育系 1949 届学生毕业留影,前排左起:吴志尧、陈立、朱希亮、孟宪承、郑晓沧、潘渊、王倘、赵廼传、王承绪、沈金相、赵端瑛;第二排左一周淮水、左二陈学恂、左五魏春孚(1949 年)

孟宪承参加中华人民共和国第一次全国高等教育会议（1950年）

孟宪承参加全国第一届人民代表大会（1954年）。第三排左五为孟宪承

孟宪承主持华东师范大学成立大会并讲话(1951 年)

孟宪承在华东师范大学师生代表大会上讲话(1952 年)

华东师范大学校领导与苏联专家合影（1956年）。左起：校党委书记兼副校长常溪萍、译员郑文樾、常溪萍夫人陈波浪、总务科科长高其光、教育系党支部书记江杰、苏联教育专家杰普莉茨卡娅、译员郝克琦、孟宪承夫人谢纫蕙、苏联植物分类专家莎巴林娜、校长孟宪承、苏联自然地理专家祖波夫、副校长孙陶林、副校长廖世承

孟宪承在华东师范大学教育科学研究所成立大会上讲话（1960年）

华东师范大学校领导会见政教系到浙江四明山老区劳动锻炼的师生回校汇报代表团合影，前排：左二该系青年教师朱光基，左四孟宪承，左五该系主任林远；后排：左二党委书记兼副校长常溪萍，左三副校长孙陶林，左四人事处焦鸣国（1958年）

孟宪承为华东师范大学校运动会获奖同学颁奖

敬聘

孟憲承先生為本校教育學院教育系教授此訂

國立北平師範大學校長李。

附聘書附件存

中華民國二十六年一月四日

月薪肆百元 荒字第一號

每週任課六小時至七小時另加研究指導二小時（廿五年度）

国立北平师范大学的孟宪承聘书稿（1937 年）

國立浙江大學用牋

文學院教育系1950年度擬聘教員名單

孟憲承　教授

鄭宗海　教授

俞子夷　教授

王承緒　教授

趙冕　教授（新聘）

陳立　教授

趙端瑛　副教授（兼任）

陳學恂　講師

周淮水　講師

呂靜　助教

歐士奇　助教

王綺　助教

丁宗武　助教

中華民國　　年　　月　　日

陳立擬具　七.十.

国立浙江大学文学院教育系拟聘教员名单（1950年）

該會第一屆第一次常會通過有「設置部聘教授由教育部遴聘曾任教授職十五年以上對於學術文化有特殊貢獻者擔任以獎勵學術文化之研究而予優良教授以保障」提出第一案旋由教育部交議規定「部聘教授辦法要點」提出第二次大會修正通過其中對於原案主要更易點爲將任教授十五年以上之資格改短爲十年以上會後教育部即訂定設置部聘教授辦法提請行政院三十年六月三日第五一七次會議通過由部頒行嗣復將部聘教授服務細則草案先後提交該會第七次常會及第三次大會修正通過隨即辦理遴聘，當時爲博采衆議特別愼重起見除辦法規定外，由國內大學及獨立學院暨已備案之全國性之學術團體分別遴選提交該會再由該會將各該候選人分科製成名單發交公私立各院校教務長（主任）各學院院長及各系科主任各就本人之相關學科於名單中薦舉二人並註明對於被選舉人之意見以供該會審議時之參考。三十一年各科人選經該會審議結果通過楊樹達黎錦熙吳宓陳寅恪蕭一山湯用彤孟憲承、蘇步青吳有訓饒毓泰曾昭掄王璡張景鉞艾偉胡煥庸李四光、周鯁生胡元義楊端六孫本文吳耕民梁希茅以昇莊前鼎余謙六何杰洪式閭蔡翹等二十八人。三十二年度通過胡光瑋、樓光來柳詒徵馮友蘭常道直何魯胡剛復高濟宇蕭公權、戴修瓚劉秉麟鄧植儀劉仙舟梁伯強徐悲鴻等十五人。

《第二次中国教育年鉴》载 1942 年国民政府教育部第一批部聘教授名单。孟宪承入选

一九五一年十月四日

华东军政委员会教育部公函

敎秘字第一○二二○号

一九五一年九月廿六日

为华东军政委员会通知决定由孟宪承继任我部部长，祈查照由。

华东各省、市人民政府、区行政公署，

华东各委、部、局：

奉华东军政委员会东办秘（四）字第四二○○号通知：「你部部长一职，已决定由孟宪承继任，除报请中央人民政府政务院任命外，希即通知先行到职工作」。除邀即到职工作外，特函请

查照布佈！

部长孟宪承

公历一九五一年十·登

华东军政委员会继续任命孟宪承为教育部部长的公函抄件(1951年)

雲五先生賜鑒 兹另包掛號寄呈 萬有文庫高等教育稿

一本計三萬餘言 敬祈

惠詧 書名經改定為「大學教育」責任編書負之理由

聲敘於稿末「後記」中並乞

察洽为幸 繳稿一再愆期殊为切疚 但此稿雖應

先生之命匆促編成實非敷衍之作 參考書籍至

三四十種 全文忠實客觀固無危言深論 而编者

頻年对於高等教育之積感 点時之流露 於行间

孟宪承就《高等教育》更名为《大学教育》给王云五的信（第一页）（1933 年）

先生無暇詳加校閱別請晚院書稿景後八五六頁亦川

見其大概倘荷

答正昌勝感幸 而有稿嗄便中匯寄南京中央

政治學校竊承收为禱敬頌

公安

　　　　孟憲承謹啟 十月卅一日

書稿一本隨寄

中國國民黨中央政治學校用箋

孟宪承就《高等教育》更名为《大学教育》给王云五的信(第二页)(1933 年)

萬有文庫

第一集一千種

王雲五主編

大學教育

孟憲承著

商務印書館發行

孟宪承著《大学教育》,商务印书馆"万有文库"1934年版的封面

百科小叢書

大學教育

著承憲孟

王雲五主編

商務印書館發行

孟宪承著《大学教育》,商务印书馆"百科小丛书"1934年版的封面

我们高等教育工作者，应该同祖国的社会主义建设一道迅速前进，为这伟大的事业贡献出一切的力量。

孟宪承

孟宪承关于高等教育的题词(1956年)

教育學科在大學課程上的地位

孟憲承

胡先驌先生在甲寅十四號裏發表一篇師範大學制平議。文中縱論美國教育的流弊，從學制談到詹姆士杜威的實驗哲學，從哲學談到「某大學女學生未婚前與男子性交」（！），議論很豐富，很有趣味。可是對於本題扼要的話，只有幾句。他是不贊成設獨立的師範大學的。他以為「苟欲以師範為職業者，除普通大學訓練外，再須加授某種特殊之訓練，於是不必立駢枝之學校，而師範教育，自可提高。」胡先生似乎不很了解師範大學特殊的職能，也不問國內大學有幾個「加授某種特殊之訓練」的，是否已能適應現在中等教育上的需要。這幾點還沒有論證，胡先生卻對於教育學科和擔任教育學科的人，開始一個總攻擊。所以我也就姑舍師範大學制的問題不談，而提出「教育學科

一三

孟宪承的论文《教育学科在大学课程上的地位》，刊于《新教育评论》1卷1期(1925年)

英國如有誠意退還庚款，至少應聲重中國教育界中這個最低限度的主張。不然，英國外交手段雖高明，中國人雖至恐，但前有日本「對支文化事業」的殷鑑，打算掩盡華人耳目，恐亦難過於榮覩罷？

四

高等教育的新試驗

孟憲承

從教育演進的歷史上看，凡課程方法的新試驗，都從低級學校做起。到現在，一大半教育革新的討論，還集中於小學和中學。至於大學，則好像有一成不變的標準似的，沒有人敢輕易去改弦更張。

可是現在的大學，在理論上，實施上，已充分完善，無可改進了嗎？卻大不然。單提一兩點來說：在課程方面，大學裏各學科，多半因襲着習慣的標準，分「科」分「系」。現代知識的總量愈增，分科也愈密。學生要有專精的學問，非分途致力，從事專攻不可。然而人

孟宪承的论文《高等教育的新试验》，刊于《新教育评论》1卷26期(1926年)

應當努力愛護的。

三　女師大女大問題的一段落　孟憲承

女師大女大問題，已經由國務會議決定同時存在，並發布命令，說：「國立女子大學，國立北京女子師範大學，均著積極興辦；著財政，教育兩部，迅即妥籌辦法……」。這件事可算告一段落了。

我們的主張，女師大是必須維持的；至於女大以怎樣的形式來合作，我們希望各方能從事實上平心解決。現在這個分立辦法，從經費上，人才上着想，是不合教育效能的原則的。然而兩校既絕對不肯合作，自然也只可如此「不了了之」了。我們固然不贊成「八校」的合并，但覺分裂成「九校」，在現時情形之下，似乎也太不經濟罷。

現在既經這樣決定了，我們只有希望政府一方面，切實的去「妥籌辦法」—妥籌經費—不

孟宪承的论文《女师大女大问题的一段落》,刊于《新教育评论》1卷3期(1925年)

麥克門　孟憲承

最近倫敦時報教育副刊（The Times Educational Supplement）上說，麥克門氏（Norman Mac Munn）於去年十月間在意大利逝世了。麥氏有名的教育試驗—通脫黎學校（Tiptree Hall）—國內談起的人絕少。他的著作，兒童到自由的路（The Child's Path to Freedom），又因為早缺版，不很流傳。在英國教育書裏，引到麥氏的話，也只是東鱗西爪。我久想取全書來一看，也還沒有能得到。現在只能照倫敦時報屢刊上記載的，作一個簡短介紹。

麥氏從牛津大學畢業後，先在新聞界裏做事。十二年前，他開始在詩人莎翁的故鄉·Stratford—on—Avon中學裏，試驗他理想的教學法。他是主張教學上完全的自由的。他讓學生依着各人興趣，自由學習。廢除班級，讓學生自行分團，自作教師，互相教學。他的學校，

孟宪承的论文《麦克门》,刊于《新教育评论》1卷8期(1926年)

新教育評論

什麼是改革教育的方案？

孟憲承

中國教育應如何改革，是科學雜誌第十次年會裏一篇論文的標題。（見教育雜誌十七卷，十二號。）在這文裏，著者趙篤明先生，討論中國現在教育的現象，以為「最壞而亟應改革者

的工具上須費去許多的時間及努力。第三個原因是學校的環境。歐洲的大學是絕對放任的。學生只要到時交學費，上班與不上班，學校是不管的。平常既不檢查，又無攷試。此種制度確是有許多的優點。但是對於年輕無充分預備的學生，極容易養成其惰學的習慣。兼之歐洲大都市中種種環境，更容易令青年學子養成其墜落的習氣。所以歐洲的留學生中，努力精進者，固不乏人，而惰學嬉遊者顏也不少。故我對於歐洲留學界前途，未敢遽抱樂觀。以上我所寫的，不過我個人的感想，還望閱者有所指正是幸。

孟宪承的论文《什么是改革教育的方案?》,刊于《新教育评论》1 卷 10 期(1926 年)

新教育評論

學生運動與教育者

孟憲承

逼回三月十八日各校學生抗議八國對大沽事件通牒遊行，原是國民對外應有的表示。據說當時有人鼓動羣眾，另謀推倒現政府，從事對內政治運動的。終至在國務院前發生空前的慘劇，死三十餘人，傷者幾二百人，各校至今還在停課，哀悼，諸求昭雪中。所有經過事實，報紙揭載的很多；各方應負的責任，也已有嚴正的公論。我們服務於教育的人們，忙着救死扶傷，痛定思痛，自然也有一番痛切的反省知覺悟。

幸補牢之計則教育將完全破產，不可救拾。是余之主張教育獨立，為教育開一新軌道，謀教育精神之統一，以為政治統一之張本也。著者以教育獨立為反國家主義，或反政治生活，則不足與之辨，語或未詳，伏願抱教育教國之言者，亟起圖之。

孟宪承的论文《学生运动与教育者》,刊于《新教育评论》1 卷 18 期(1926 年)

的世紀」。當年英國教育會在舊金山開會，兒童幸福，列爲重要議案之一。可知兒童研究，爲今日教育者之重要任務，我希望教育界的同志們對於兒童，與盧君等有相同的興趣，研究進行，努力從事，那末，兒童幸福之增進，自有逐漸實現的可能了。

最近德國教育的趨勢　孟憲承

這是一篇整理過的「讀書劄記」。篇中材料，大半從最近出版的哥倫比亞師範院世界教育年鑑（Educational Yearbook of the International Institute of Teachers College, Columbia University）裡德人雷曼（R. Lehmann）的兩篇論文中得來。有依據他書的地方，也特別註出，以便檢查。至於那一本世界激育年鑑，我們還願當另外作一文給它介紹。

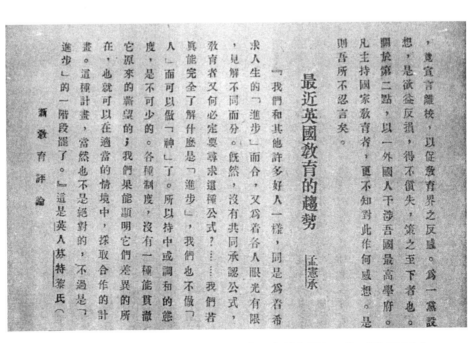

孟宪承的论文《最近德国教育的趋势》,刊于《新教育评论》1卷4期(1925年)

，遂宣言離校，以促教育界之反響。爲一黨設想，是欲益反損，得不償失，策之至下者也。關於第二點，以一外國人干涉吾國最高學府，更不知對此作何感想。是則吾所不忍言矣。

最近英國教育的趨勢　孟憲承

「我們和其他許多好人一樣，同是爲着希求人生的『進步』而合，又爲着各人眼光有限，見解不同而分。既然，沒有共同承認公式，教育者又何必定要尋求這種公式？……我們若眞能完全了解什麼是『進步』，我們也不做「人」而可以做「神」了。所以持中或調和的態度，是不可少的。各種制度，沒有一種能貫徹它原來的蕈望的；我們果能顯明它們差異的所在，也就可以在適當的情境中，採取合作的計畫。這種計畫，當然也不是絕對的，不過是「進步」的一階段罷了。」這是英人蘇特萊氏（

孟宪承的论文《最近英国教育的趋势》,刊于《新教育评论》1卷6期(1926年)

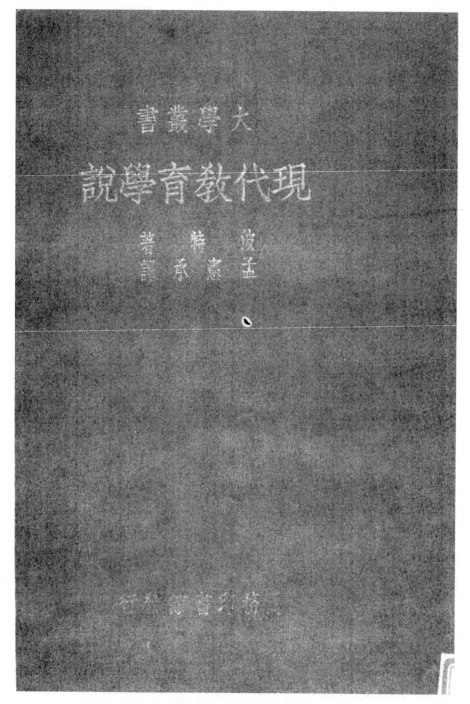

大學叢書

現代教育學說

波　特　著
孟　憲　承　譯

商務印書館印行

孟宪承译波特的《现代教育学说》,商务印书馆 1930 年版的封面

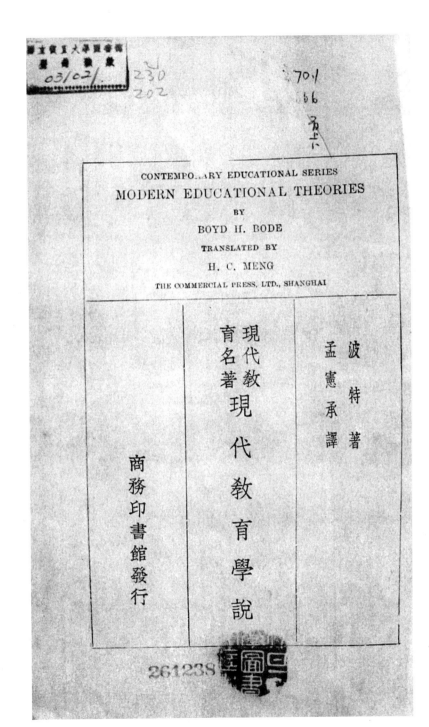

CONTEMPORARY EDUCATIONAL SERIES

MODERN EDUCATIONAL THEORIES

BY

BOYD H. BODE

TRANSLATED BY

H. C. MENG

THE COMMERCIAL PRESS, LTD., SHANGHAI

現代教育名著

現代教育學說

波特著

孟憲承譯

商務印書館發行

孟宪承译波特的《现代教育学说》,商务印书馆 1930 年版的扉页

现代教育名著

第五种

教育哲学大意

孟宪承译述

商务印书馆出版

孟宪承译波特的《教育哲学大意》，商务印书馆 1924 年版的扉页

序

此編目的，在從實用主義派哲學的觀點上，討論現代教育的問題。所討論的，

大旨集中兩點一為教育應有的目的或理想一為受教育者的心靈──或智慧──

的性質。 著者深信我們教育的理論與實踐歷來受着幾種偏見的流毒。這種偏

見為歷史進化上所不可免而為現代知識中所不可存。 教育要有補於於人生的美

富和世界的大同，必先祛除此種偏見。 至於近今教育上科學方法的發展同時帶

着一種對於根本問題的比較的忽視。這樣趨重科學的方法在目前大概是好的，

其結果可將教育研究建設在一個永久的基礎上。 然詳細節目的探究和一般理

論的探究宜有相當的聯絡否則教育不過日漸成為複雜的──或機械的──歷

程而不能為進步和改善的工具也有嚴重的危險。

‧ 著者在這裏要表示他對於杜威先生(John Dewey)著作上所得的啓發。他

也要感謝裴格萊教授(W. C. Bagley)從文字上從個人談話上所得裴格萊先生的

誘掖很多沒有這種誘掖此書是未必會成功的。

波特(B. H. Bode)

教育哲學大意　序

一

孟宪承译波特的《教育哲学大意》的"序"，商务印书馆 1932 年版

民國二十一年一月二十九日
暨公司突遭國難總務處印刷
所編譯所書棧房均被炸燬附
設之涵芬樓東方圖書館倘公
小學亦遭殃及盡付焚如三十
五載之經營墜於一旦迭蒙
各界慰問咨望速圖恢復詞意
懇摯銜感何窮顧館雖處境艱
困不敢不勉爲其難因將需用
較切各書先行覆印其他各書
亦將次第出版惟是圖版裝製
不能盡如原式事勢所限想荷
鑒原謹布下忱統祈垂詧
上海商務印書館謹啓

中華民國十三年十一月初版
民國廿二年九月印行國難後第一版

現代名著教育 教育哲學大意一冊

（100）

Fundamentals of Education.

每冊定價大洋壹元叁角
外埠酌加運費匯費

原著者　B. H. Bode
譯述者　孟憲承
印發行刷者承　上海河南路　商務印書館
發行所　上海及各埠　商務印書館

孟宪承译波特的《教育哲学大意》，商务印书馆1932年版的版权页

近來自生物學社會學以及教育學術本身之研究，日漸而昕討之內容與方法亦大受其影響現在之教育，原理猶未能建立其為科學而登現在之事實，將來能致用也以是而一部之教育見解者，宜純之學設固比類之，而主觀的見解不免落入其間學生復從校外社會中之經驗，者復會「教育原理」之名以為攻擊學校設施之其可唉也，

魏近師範學校其不設有教育原理一科，其為學習時期，前茶有先得一種最宜後者則為殿之趨勢，然者常囿於教育學科之彷徨近則潛有取以為殿之趨勢，登明者之辦法為選擇的檢者則為總提一種綱領之利，序突而應學者之難以入室則以其修治教育學科之始矣，

殼一種「教育入門」俾得見到教育上之具體問題與事，其類威威為采氏自己之領域承氏及鄭深承氏所定各種其間，官聯會之斯學制課標準進草委員會所擬定者亦以是為增。

教育原理包括甚多欲其材料上免與他種教育學科有無謂之重複而就定者有孟遜承氏之用程度不同，大旨尙無多非入致采列於左以備參考。

（一）主旨（甲）
（乙）使對所已學之教育學科就此為規或或威善經舊後的觀點只憑計判而不教有為守成規守成規經後，

束，蓋對於理論與實際的關係有深切的了解。

（二）敎法要旨（承）
（1）多與所已學之教育材料相聯絡。
（2）資具體以至抽象。
（3）重原理原則之應用。
（4）宜多圖象參考材料。

（三）敎材綱要（承）
（1）緒論　a.教育之起源，b.其機能，c.其必要，d.其可能。
（2）目的論　a.目的之發遠與因論，b.教育有最終目的否　c.各室所能圓教法目的之學說。
（3）課程論　a.課程之意義，b.課程教材選制中理論之衝突，c.小學課程概觀。
（4）方法論（上）教學　a.教學之原理，b.教學之心理的根據，c.何者為評判教育法之標準？（下）訓練　a.訓練，b.訓練之問題，c.訓練之社會的根據。
（5）學習與學習指導。
（6）教育效果之測定。（學校測驗與學校測評）
a.教育效果之可能與限制，b.教育效果之測定，c.教
育上科學的研究之必要。

鄭氏所提出之內哲則謂為三大部，日進論即目的論，日方法論而以效果論附於總論以課程論與方法論且以美護為方法之一，此系其編論附於高中師範科或師範後研究，此其重點也惟孟氏所提掷得高等教育學科或師範高年期師範科之用，程度上二三年之用，鄭氏所提乃為相當年期師範科之用，程度不同，

辦法自宜有相當之變池也。（參閱並廣列課程科選輯）

（醫學綱要第７２頁）（續條）

哲學者旣以人生之價值仙用示吾人常不能無所不重變化吾人之品性與實踐以最高價值之實，餾不能不重及教育上所應有之歷練幽然所謂有哲學懸智之理論教育即哲學之實行之設也。

教育音斯密（H. Bonpus Smith）有言「教育實理，顯示教育關係與人生其他事業以人生經驗之全體有何等之關係因以解釋教育原理之意義及人生經驗有何關聯，因以解釋教育原理之意義與歷史哲學或宗教哲學所昕究其為哲學之任務與歷史哲學或宗教哲學所內容及道德與美之善果而從一較綜合的見地以評基之」杜威（John Dewey）亦謂：「教育為人生如此重要之」一種事業，即一教育哲學即顯示教育或宗教哲學，吾人不備清晰之全體以評現在之制度與風尙此認識之全體或教育哲學所內容之所自為此之所自為教育之所由遠成一種原現且以增高實際教育之所效能昕謂教育之善果而從一較綜合的見地以評基之」杜威（John Dewey）亦謂：「教育為人生如此重要之」一種事業……吾人應覺探據吾人之全體上評現在之制度與風……吾人而言吾所謂教育現在教育系統所由造成之原理則指教育科學而言也。簡言之，就真際教育以內用科學的方法作分析的研究者為教育科學所由卻超乎其實際教育而從人生經驗之全體上用哲學的眼光作綜合的研究者則教育哲學

孟宪承为《教育大辞书》撰"教育哲学"辞条第一页，商务印书馆1930年版

之所有事也。

或謂現代實驗科學目途務據其方法日益完密注時，以地即人生經驗之全體上作一種研究，

哲學之附庸由心理學社會論理學美學且多說其醫幹；見地即人生經驗之全體上作一種研究。

奮為獨立的科學教育何需不綴今日教育之內容與方法，外不能不依易。

將應其設客製的兵驗而不可轉離主觀的玄想及其科學方法。實有嚴重的危機。其設是世教育若於科學的方法以

法之所應用如學社智力學力測驗學專調查教育行，也。

古場已箸特殊之成績在此教育之科學化中其結果且

將遺之若溯何屬學問教育於哲學子審之曰教育科。百年前歐洲教育上之一播處得衰蘭塔啓命(Posta-

保柔生活之一種阶段保實驗教育研究之全部。lozzi)之理想法主義學說氏幕乐因題或设及日製

此箇定案題鏡討此分析試驗以錯納其原則指導教育。數學以某自易注人以專經昌強制成教育上之大改革五

寇者此爲一種有組織之研究不能綜教育研究之全部。十年來鳥蘇爾巴培(Herbart)因之而建醒其道德教育與

而變教育非謀涉學技付政未教師與生徒等之關綿其乃人。系統教育學哲近世普通教育上增大真觀治進化論實驗科

奠生活之一程阶保實際教育系統謀解係與改正穩使。學昌歐測之理想主義斷不能器人之余求心理與教育學

則系統此既定事實輝可誤用此原則以謀組見或愉惜之支。說遺經念割之改造其合此時代思潮而燦之代表者，

配則每謂有若何効能而在人生經驗上疑且無。則杜威也。(参看「赫爾巴特」「斯普蘭格」「麥克培洛言」

其用止絡傅接福摄的思感必要。[杜威]「羅素」「孟子」「斯密」「赫鏡培蘭」「麥斯培洛伯」

不合科學規律，而遺以助其畜國王羲之提醒衡以教育科。(張邃承)

奧，或不合自其所操方法之曾思誤使彼(U. H.Bode)謂「近年來教育上哲學方法之曾思同時傍各。参考书举要

對於幾木問題之比較的質民注注重點，（一）通論

提此得建設於一永久基礎上良可欲嘉惜詳指繭日系成。

兎與一般理想，亦應有正當之關結否則教育不遇日系成。

為積科的，或承繼械的誌程，而不能誘趫为具改啓之工具。

参考书举要

（一）通論

Adams, J.: The Evolution of Educational Theory.

Bode, B. H.: Modern Educational Theories.

Chapman, J. C. & Counts, G. S.: Principles of Education.

Dewey, J.: Philosophy of Education (in Monroe's Cyclopedia of Education.)

Horne, H. H.: The Philosophy of Education.

Kilpatrick, W. H.: Tendencies in Educational Philosophy (in Kandel's Twenty-five Years of American Education.)

Source Book in the Philosophy of Education.

Education for a Changing Civilization.

MacVannel, J. V.: Outline of a Course in the Philosophy of Education.

Shrews, R. M.: The Philosophical Basis of Education.

Smith, H. B.: Philosophy of Education, (in Watson's Encyclopaedia and Dictionary of Education.)

（二）専著

Dewey, J.: School and Society.

How We Think.

Democracy and Education.

Creative Intelligence.

Reconstruction in Philosophy.

Human Nature and Conduct.

Experience and Nature.

Findlay, J. J.: Foundations of Education.

Gentile, G.: The Reform of Education.

Nunn, T. P.: Education, its Data and Methods.

Philosophy.

孟宪承为《教育大辞书》撰"教育哲学"辞条第二页，商务印书馆1930年版

在教育部北大楼九层会议室举行的《共和国老一辈教育家传略》首发仪式(2008年)

位于华东师范大学文史楼内的孟宪承铜像,下课后师生们正从其旁经过(2010年)

孟宪承骨灰安放仪式在上海龙华公墓大厅举行（1979 年）

孟永伟偕次子蔚彦在苏州凤凰山孟宪承夫妇墓前（1989 年）

目录

第一章
现代大学的理想和组织

一

大学是最高的学府：这不仅仅因为在教育的制度上，它达到了最高的一个阶段；尤其因为在人类运用他的智慧于真善美的探求上，在以这探求所获来谋文化和社会的向上发展上，它代表了人们最高的努力了。大学的理想，实在就含孕着人们关于文化和社会的最高的理想。

欧洲中古的文化，是以智识融合于宗教信仰，而成立所谓"理知的统一"(unitas intellectus)的最高原则的。[1] 那时寥如晨星的几座大学，也就以宗教的哲学，加上亚里士多德的逻辑的外形，而统一了好几百年的学术。到了近代，文化的本质改变过了，大学所研究的学术的内容，也自然随着改变，巴黎大学的拉维思教授(Lavisse)[2]这样说：

> 现代大学和中古大学的不同，在于它们所依据的原则的各别。中古以知识放在宗教的范畴中，现代则把知识放在科学的系统里。中古

---

〔1〕 Thomas Aquinas 的旧说。
　　 阿奎那(T. Aquinas，约 1225—1274)，欧洲中世纪神学家，经院哲学的主要代表。——编校者
〔2〕 拉维斯(Ernest Lavisse，1842—1922)，法国历史学家，法兰西学院院士。——编校者

的生活原则是权威,现代的生活原则是自由了。[1]

脱去一切传统的权威的锁链,凭着训练的智慧,来观察自然和社会的现象,发现它们的真理——事实和原则,从而谋它们的控驭、操持,以握住人类自己的命运,这无疑地是现代文化的动向了。

可是文化原和社会的经济和政治的机构密切相联。现代社会,既已由工业革命、民族国家与民主政治的几个运动,演变发展而成为它的新的形态;现代的人,又有意识地以他的文化,来推进这社会的发展。在中古被认为自足的学术,在中古是的确具有社会的功用的,到现代就暴露了它的贫薄和无能。而一切自然和社会科学的,应用于生产、分配、交通、国防、立法、施政以至教育,优生的、活动的技术知识,都崭然地各成大学学者研究的专科。这明显地指出:现代人是在有意识地以文化的、丰饶的收获,图谋社会自身的向上发展了。

现在,让我们来仔细分析一下现代大学的理想。

1. 智慧的创获 中古大学,只兢兢于知识的保守(conservation of knowledge);现代大学,则于保守以外,尤努力于知识的增加(increase of knowledge)。保守是要紧的,中古学者们的独抱遗经、拾残补阙,也是尽了他们的使命的。但现代人类的系统的知识的总量,突然地长大、增高,全靠着学者的奋力于发现、发明,而不以保守、敷衍为事。1809 年柏林大学的建立,便是这一新理想的最先的表现。那时,普鲁士教育部长洪堡氏(Von Humboldt)[2],耗尽了心力,罗致一时学术有深造和特创的几个学者,如赫姆霍尔兹(Helmholtz)[3]、利比希(Liebig)[4]、冯特(Wundt)[5]、

---

[1] 见 Bouglé, *The French Conception of a University*,上文采入 Kotsching (ed.), *The University in a Changing World: a Symposium*, Oxford University Press, 1932。
布格莱(Celestin Bouglé, 1870—1940),法国社会学家。——编校者
[2] 洪堡(Wilhelm von Humboldt, 1767—1835),德国教育家、语言学家,领导创办柏林大学。——编校者
[3] 赫姆霍尔兹(Hermann Ludwig Ferdinand von Helmholtz, 1821—1894),德国生理学家、物理学家和数学家。——编校者
[4] 利比希(Justus von Liebig, 1803—1873),德国化学家。——编校者
[5] 冯特(Wilhelm Wundt, 1832—1920),德国心理学家、哲学家。——编校者

费希纳(Fechner)〔1〕、洛策(Lotze)〔2〕、黑格尔(Hegel)〔3〕等于柏林;又确立了"教学自由"(Lehrfreiheit)的原则,使得学者能够大胆地批评、研究、创造发明。这真是近代大学教育史下一个伟绩。1882年后,阿尔特霍夫氏(Althoff)〔4〕又独断地掌握普鲁士教育行政至数十年,他所毕生经营的,就是供给各大学以充分的设备,成立各个巨大的研究所(institute),务使最初柏林所倡研究的精神,能够贯彻于一般大学,而有更进一步的发展。到现在,没有哪一国的大学,教师不竞于所谓"创造的学问"(creative scholarship),学生不勉于所谓"独创的研究"(original research)。而这新的学风,确是德国大学所开始。

2. 品性的陶镕　大学是一个学校,师生应该有学校的群体生活。而且,从来大学的师生,被当作社会的知识上最优秀的分子(elite),是反映着社会的最美的道德的理想的。英吉利的国粹派大学,如牛津、剑桥,尤其注重学生在群体生活中,得到品性的锻炼。它们本是若干独立的学院(college)所合成。这所谓学院,并不只是一个学堂,而是大约能容学生二百人的一个宿舍。其教授(fellow)必住在院内,做个别学生的导师(tutor)。导师和学生,共其起居作息;课余餐后,自由讲谈、从容娱乐,活泼地表现出一种敬业乐群的精神。我国古代教育者说:"大学之教也,时教必有正业,退息必有居学,⋯⋯藏焉、修焉、息焉、游焉。夫然,故能安其学而亲其师,乐其友而信其道。"〔5〕牛津、剑桥的学院生活,就仿佛有这种风致的。所以牛津的一个学者纽曼(Newman)〔6〕于1852年著《大学理想论》,〔7〕甚至于说:

---

〔1〕　费希纳(Gustag Thcodor Fechner, 1801—1887),德国心理学家、物理学家和哲学家,心理物理学创始人。——编校者
〔2〕　洛策(Rudolf Hermann Lotze, 1817—1881),德国哲学家。——编校者
〔3〕　黑格尔(Georg Wilhelm Friedrich Hegel, 1770—1831),德国哲学家。——编校者
〔4〕　阿尔特霍夫(Althoff, 1839—1908),曾任普鲁士教育部部长。——编校者
〔5〕　《礼记·学记》。——编校者
〔6〕　纽曼(Cardinal John Henry Newman, 1801—1890),英国神学家。——编校者
〔7〕　今译《大学的理念》。中译本参见[英]约翰·亨利·纽曼著,高师宁等译:《大学的理念》,贵州教育出版社,2003年第一版;节译本有徐辉等译:《大学的理想》,浙江教育出版社,2001年第一版。——编校者

假使给我两个大学：一个没有住院生活和导师制度而只凭考试授予学位的，一个是没有教授和考试而只聚集着几辈少年，过三四个年头的学院生活的。假使要我选择其一，我毫不犹豫地选择后者。[1]

就是最近，剑桥教授巴克(Barker)[2]论大学教育也说：

大学要达到它的鹄的，不仅在发展智慧，也在于从师生聚处的群体生活中自发的诸般活动，养成道德的骨干。"范成品性"(forming the character)，像"发展智慧"(developing the intelligence)一样，贯彻着我们从小学以至大学的教育。[3]

这虽然是英国大学的殊风，也已经成为现代大学的共同理想。

3. 民族和社会的发展 我们曾说，现代人是有意识地以文化来推进社会的发展的。关于这一点，我们又要回溯柏林大学的历史。普鲁士在耶拿(Jena)一战，几乎被拿破仑[4]覆灭了；1807年，已经沦陷的耶拿大学的教授费希特(Fichte)[5]，赶到柏林，作14次公开演讲，他的激昂的呼声是："恢复民族的光荣，先从教育上奋斗！"这就是创立柏林新大学的一个动机。民族复兴，是现在德国一般大学的无形的中心信仰。至于牛津、剑桥，是英国累世的政治家、学问家所从孕育，所以霍尔丹(Haldane)[6]说：

民族之魂，是在我们大学里反映出来的。[7]

---

[1] 见 Newman, *The Idea of a University*, Longmans, 1852。

[2] 巴克(Ernest Barker, 1874—?)，英国政治学家。——编校者

[3] 见 Barker, *Universities in Great Britain*, International Student Service, London, 1931。

[4] 拿破仑(Napoleon Bonaparte, 1769—1821)，法国资产阶级政治家和军事家，法兰西第一帝国和百日王朝皇帝(1804—1814, 1815)。——编校者

[5] 费希特(Johann Gottliele Fichte, 1762—1814)，德国哲学家，柏林大学首任校长。——编校者

[6] 霍尔丹(Richard Burdon Haldane, 1856—1928)，英国大臣、哲学家，曾任布里斯托尔大学校长。——编校者

[7] Haldane, *University and National Life*.

晚近民族的竞争，社会机构的突变，更加把大学直接放在民族和社会需要的支配下。墨索里尼[1]对于意大利大学发展民族生产力的要求，已经是引起了许多变动。苏联于1930年后，除少数文理科的大学远属于各邦教育委员会以外，更把大学分立为各个研究所，各个分配于相关的经济和政治的组织，使其受着密切的统制。[2]这不复是中古萧然世外的学者所能想象的了。

二

为实现前述的理想，现代大学有哪几项具体的任务呢？

1. 研究（research）　大学既以智慧的创获为最高的理想，当然就以研究为其最高任务。德国大学在这一点上处于优先的地位，前面已说过了。只有英、美的情形稍为不同。牛津、剑桥的学院，本来并非学术专业的分科，所有各学院的学生，一律受三年或四年的所谓"自由教育"（liberal education[3]，指文理科的普通训练）。虽然学生按照自己的能力，分选"优异"和"寻常"两部的课程（honors course and pass course），其优异课程含有较精博的自动研究。但学院毕业以上，大学并没有研究科（graduate work）的设置。因为英国科学上顶精粹的研究工作，以前集中在几个学会和研究机关，大学则只为"自由教育"的场所。近年英国新大学（后详）的注重高深研究和专业训练，实际上倒反而是受着美国大学的影响。至于美国大学的体制，又很特殊。它可以说是"英国式的自由学院加上德国式的大学的一个混合组织"（a German university superinposed on an English college）。最初，美国只有四年制的文理学院。它的追踪德国大学的高深研究，始于1876年吉尔曼氏（Gilman）[4]的创建约翰·霍普金斯大学（Johns Hopkins）。这大学，开头没有设四年制的文理学院一级，而只招别的学院的毕业

---

[1] 墨索里尼（Benito Mussolini, 1883—1945），意大利法西斯党党魁，独裁者。——编校者
[2] 见 Fantini, *The University in the Fascist State*，又 Pinkevitch, *The University in Soviet Russia*，原文均采入同 Kotsching（ed.）。
[3] 今译通识教育，或译博雅教育。——编校者
[4] 吉尔曼（Daniel Coit Gilman, 1831—1908），美国教育家，约翰·霍普金斯大学首任校长。——编校者

生,在几个精选的学者——其中多数是留德的——之指导下,从事精深的研究工作。后来心理学者霍尔(Hall)[1]于1889年主克拉克大学(Clark),也是照这种办法。从此哈佛(Harvard)、耶鲁(Yale)、哥伦比亚(Columbia)、芝加哥(Chicago),皆于文理学院以外,竞相开拓其研究科和专业科的许多学院(graduate schools and professional schools)。到现在,这些大学众多的学院中间,其原来的、基本的文理学院,反只成了一个很小很小的单位,大学是确然地认研究为其最高任务了。

2. 教学(teaching) 这是凡有学校所同有的任务,大学也非例外。而且,学者殚精研究,锐意发明,既穷毕生之力于其所学,也要能够得人而传其所学。学术的传习和研究不能截然分离。英国哲学者怀特海(Whitehead)[2]曾说:

> 大学的存在,就是为结合老成和少壮,而谋成熟的知识与生命的热情的融合。[3]

英、美的自由学院,只以教学为其主要活动。不消说,就在德国大学,看弗莱克斯纳(Flexner)[4]怎样写罢:

> 因为德国大学偏重研究,常人的观念,一定以为德国的教授是看轻教学的了。其实不是的。不过在教学上,他不以哺喂婴儿般的方法(spoon feeding)抑制学生的自动研究——他的学生不需乎此,他自己是不屑于此的。但德国大学,对于洪堡氏最初以大学兼综研究和教学的目的,从来没有违异。名教授维拉莫维茨(Wilamowitz)[5]新近发表他的著作的一部分的目录,密细地印成八页,外国人一看,定以为他可代表德国大学的研究的学者了。但他自己说:"这些不过是我的学术发展

---

[1] 霍尔(Granville Stanley Hall, 1844—1924),美国心理学家、教育家,克拉克大学首任校长。——编校者
[2] 怀特海(Alfred North Whitehead, 1861—1947),英国哲学家、数学家。——编校者
[3] 引 Whitehead, *The Aims of Education and Other Essays*, Macmillan, 1929。
[4] 弗莱克斯纳(Abraham Flexner, 1866—1959),美国教育家。——编校者
[5] 维拉莫维茨(Ulrich von Wilamowitz, 1848—1931),德国古典语言学家。——编校者

上抛去了的渣滓。在德国教授中间,教学还居首要的职务,研究次之。我是始终把教学当作我的天职的。"[1]

英、美的学院,着重品性的陶镕,似乎教学以外,还有训练(training)一重任务。可是,这种训练是在学院的群体生活中进行。学生的品节、礼貌、克己、爱公,大半就范成于他们的游戏、竞技、集会、社交等的组织和活动。教授之于学生,虽有人格上的潜移同化,到底没有所谓"训育"的专职。

3. 推广(extension) 大学对于社会的贡献,就在于它的研究和教学。但也曾适应平民主义的要求,推广其知识于它的"宫墙"以外,而有所谓"大学到民间去"的运动。

欧洲大学教授,本来有一部分演讲是公开的,但大学兼办"成人教育"(adult education)的却没有。像德国的民众学院(volkshochschule)、法国的民众大学(université populaire)都是独立的机关,并不在大学系统之内。

英、美的大学推广(university extension),则是一桩很有历史的事业。1873年在剑桥开始,1878年牛津也仿行的大学推广,起先只是一种"巡回演讲"(local lecture system),由大学派出讲师,到各地方作短期的、系统的演讲。后来发展为"大学辅导班"(university tutorial classes),则每班已是三年一期较正式而有考试的校外课程了。但这由英国劳动教育协会(Workers Educational Association)主干,也并不牵涉大学事业的本身。到美国,则所谓大学推广形成大学里一个庞大的组织,其活动则于推广课程(extension courses)之外,尚有家庭自修(home study)、通讯教学(correspondence teaching)、暑期学校(summer school)等繁多的部门。巴克教授论这事,以为虽有很大的价值,却不可再事扩充,因为这总是大学学者精力的分散。至弗莱克斯纳氏批判美国的大学推广,则竟认为非教育上的必要,甚至狠狠地指斥哥伦比亚、芝加哥等大学的推广部,广告招徕等于商业,名为服务社会,实则借学敛钱了。

---

[1] Flexner, *Universities: American*, *English*, *German*, Oxford University Press, 1930, p. 318.

三

大学是最高的学府,它的自身,必先是一个有机体的结构,目的确定、精神贯通、各部门的组织互相调整和联络,而后才能完成它的任务,实现它的最高的理想。本章以下,便专论现代大学的组织。因为各国大学,体制繁别,这里叙述只以德、法和英、美为限,略资举隅。

我们先从大学的设立和管理说起:

1. 德国 德国大学都是国家设立的。在联邦之内,计大学 23 所。其中的半数——柏林、波恩(Bonn)、布雷斯劳(Breslau)、法兰克福(Frankfurt)、格廷根(Göttingen)、格赖夫斯瓦尔德(Greifswald)、哈雷(Halle)、科隆(Köln)、柯尼斯堡(Königsberg)、马尔堡(Marburg)、明斯特(Münster)、基尔(Kiel)——都属普鲁士邦。此外,埃尔兰根(Erlangn)、慕尼黑(München)、维尔茨堡(Würzburg)、莱比锡(Leipzig)、蒂宾根(Tübingen)、弗赖堡(Freiburg)、海德堡(Heidelberg)、耶拿(Jena)、吉森(Giessen)、汉堡(Hamburg)、罗斯托克(Rostock)11 所大学,则分属于 8 个不同的邦政府。

德意志诸邦的教育行政,向被视为集权制的代表。就是大学的教授,也由各邦政府的教育部(名称和组织各不同,在普鲁士为 Ministerium fur Wissenschaft, Kunst, und Volksbildung)所任命。可是相反的,德国大学,又以所谓"教授治校"和"教学自由"著称。这是因为教授虽须政府任命,而人选却必由大学教授会荐举。各科(fakultät)的学长(dekan),更是由教授互选或轮任。连大学的校长(rektor),也是由教授会公举,以一年为任期。这好像德国大学的校务,每年有一度更迭或中变之虞,而其实并不如此。校长只是学术的权威,其清简和隆崇,好比我国古代大学的"祭酒",并不像美国大学校长那样,是行政的专家,以一身综揽全校繁冗的事务。事务的管理,由教育部派常任的理事(kurator)来监督,不劳校长分心。至于教学的方针和设施,由教授会主持;课程和教法,是教授的专责,他有他的全权。教学自由(lehrfreiheit)的原则,是多年来确立不移的。

2. 法国　法国大学,也都是国立的。按 17 个大学区,分设 17 所大学。巴黎而外,有埃克斯马赛(Aix-Marseille,文法科在 Aix、理医科在 Marseille)、贝藏松(Besançon)、波尔多(Bordeaux)、冈(Caen)、克莱蒙(Clermont)、第戎(Dijon)、格勒诺布尔(Grenoble)、里尔(Lille)、里昂(Lyon)、蒙彼利埃(Montpellier)、南锡(Nancy)、普瓦提埃(Poitiers)、雷恩(Rennes)、斯特拉斯堡(Strasbourg)、图卢兹(Toulouse)、阿尔及尔(Alger)等大学。教授为德国之制,也由教育部(Ministère de L'instruction publique et des Beaux-arts)所任命。大学校长(recteur)则由教育部于教授中选荐于总统任命之。他和德国的大学校长不同,而是一区的教育行政的首长,代表教育部长执行区内各级教育事务——这是绝对的集权制。其关于本大学的行政,则须经大学评议会(Conseil de l'Université)的合议。评议会以各科(faculté)的学长(doyen)和每科教授代表二人组织之。学长则由教授会加倍荐举于教育部,择一任命。

3. 英国　英吉利的大学,不受教育部(Board of Education)的管辖,单在这点上,可以说它们不是国立的。可是它们都以皇室颁给的特许状(Charter)而成立,又都受政府的大学补助委员会(University Grants Committee)巨额补助金。牛津、剑桥则内部遇有问题时还受王室委员会(Royal Commission)的调查和处理。它们和政府关系这样深切,决不应被当作美国私立大学看。英国现在有 11 所大学,而又分为三类:① 牛津(Oxford)、剑桥(Cambridge)为一类,创立都远在十二三世纪;② 伦敦(London)和达勒姆(Durham)为一类,创立于 1832—1836 年间;③ 所谓新大学又为一类,这包括曼彻斯特(Manchester)、利物浦(Liverpool)、伯明翰(Birmingham)、设菲尔德(Sheffield)、布里斯托尔(Bristol)、利兹(Leeds)、雷丁(Reading),都在 20 世纪才完全成立。它们的设立和管理,情形各各不同,我们得分类叙述。

(1) 旧大学　牛津、剑桥各为 20 个以上的学院(college)的集合体。在中古时代,学院本是称为 fellow 的学者们潜修学术的精舍。它们各自独立,创立的年代也不同;各有确定的资产和基金,资学者的供养。Fellow 的产生,系经过全体的选举;学院的管理,也操在他们的手中。后来招生讲习,这些学者们就成了导师(即各院的教授,为别于大学共同教授,以下文中均译称导师),各学院联合起来成为大学。大学设各学院共同的教授、讲师,建各学院共同的研究所、实验室、图书馆、博物馆和出版部。凡毕业的考试、学位的授予,都由大学举行。典试委员,不但不一定是各院导师,且亦不限于本大学的教授,而可延请校外学者来担任。大学为自治体,立法权属于大学议会(牛津称 Congregation,剑桥又别称 Senate),以全大学的教授、导师、讲师构成之。事实上,议案都由大学议会的执行委员会(牛津称 Hebdomadal Council,剑桥即称 Council of the Senate)提出通过。执行委员会,包括大学校长(chancellor,仅名誉职)、副校长(vice-chancellor)、各院公推的学监(proctor)二人、院长和教授导师若干人。最高行政权属于大学副校长。而副校长则是由名誉的校长,于各院院长中推举一人兼任,任期三年。至于院长,乃各院导师所公举,任期各院习惯不一律(院长通称 principal,又称 master、warden、president 等,各院也不一律)。

(2) 伦敦大学　这大学和牛津、剑桥完全不同,没有那样学院的组织。它不是没有学院(college),但它的学院却另有一个意义。在新大学(后详)未成立以前,全国有大学程度的毕业学生,除牛津、剑桥以外,都由它考试而授予学位,它成了一个大学的考试机关。现在呢,它是 70 个学院、学校、研究所等的集合体。其庞大复杂,有人比之于一个联邦制的国家。这 70 个学校中,大学学院(University College)和皇家学院(King's College),是完整的大学(大学学院除文、理、法、医、工五科外,又有附设的美术学校、建筑学校、图书学校、新闻学校等,其自身也是一个小联邦呢)。此外顶重要的单位是:皇家女子学院(King's College for Women)、帝国科学工程学院(Imperial College of Science and Technolgy)、伦敦经济政治学院(London School of Economics and Political Science)、历史研究所(Institute of Historical Research)、高尔顿优生实验所(Francis Galton Laboratory of National Eugenics)、南肯辛顿生理实验所(South Kensington Physiological Laboratory)、十几个医院医学校(Hospital Medical Schools)。凡"大学的学校"(Schools of the University)为上列的共 36 所。另外三十余所学校,则只有大学认可的教师(recognized teachers),其学生有应大学学位考试的资格而已。这些包括伦敦师范学院(London Day Training College,此院有移归大学直辖,加设研究科,成立新的教育研究所 Institute of Education 的近讯)、伯克贝克夜学院(Birkbeck College)、许多工艺学院(Polytechnics)等。各有各的历史,各有各的经费来源和教育设施。大学从考试机关改为教学机关,事在 1898 年。而大学本部的校舍,还是以美国洛氏基金[1]的补助,甫于本年(1933)的 6 月兴工建筑,英王偕后,亲临奠基。如此杂乱、离奇而又伟大的大学,世界上怕不会有第二个吧! 大学的最高权力,属于所谓"大学理事庭"(University Court);其次有评议会(Senale),以校长(Chancellor)、副校长(校长也是名誉职,副校长掌校务)、教授代表、毕业生代表、英王指定的代表等共 60 人为评议员。关于校内教务,则以教授会议(Academic Council)议决处理之。

(3) 新大学 虽然曼彻斯特和利物浦在 1850—1880 年间,已开始它们的教育的事业,但其完成大学组织,却只在 20 世纪的初年。别的新大学,设立更后了。新大学的管理,都属于各大学的理事庭。设评议会和教授会,略如伦敦之例。校长(chancellor)为名誉职,以副校长(vice-chancellor)掌校务,也如别的大学。但也有实任的校长,则称为 principal vice-chancellor 和 principal,都任职终身,则又有点像美国的大学校长。牛津、剑桥、伦敦,都以许多独立学院合组,其基金资产,取精用宏。而新大学历史甚短,多靠地方政府的补助费,虽曼彻斯特和利物浦,近年每年经费也达 1000000 英镑,但还不能和旧大学相比较。所以新大学的校长,也像美国的校长,负有事业发展的责任。可是英国教育家,素来鄙视募款宣传一类的事,那又和美国的大学行政专家不同了。

4. 美国 美国大学有私立的,如哈佛、耶鲁、哥伦比亚、芝加哥、约翰·霍普金斯等,为大学的中坚。有公立的,又分州立大学(State University)和市立大学(Municipal University):前者如加利福尼亚(California)、明尼苏达(Minnesota)、威斯康星(Wisconsin)等大学——美国 48 州中,大多数有州立的大学;后者如纽约市学院(College of the City of New York)、辛辛那提大学(University of

---

〔1〕 洛克菲勒基金会(Rockefeller Foundation)。——编校者

Cincinnati）。我们在前已说过美国大学是"英国式的自由学院加上德国式的大学的一个混合组织"。现在大规模的大学，已以研究科和专业科（graduate and professional schools）的许多学院为主体，原来的基本的文理学院，仅施普通的训练。但很多的小规模的独立学院也同时存在，而且有几个是有悠久历史和优越成绩的。据较近的调查，全国大学和独立学院共 1076 所！

大学无论私立、公立，都以校董会（Board of Trustees，哈佛独称 Board of Overseers）为最高权力机关。私立大学的校董，大资本家居其多数。州立大学的校董，包括州长、州教育局长和其他政治上的人物。校长通称 president，为校董会所聘任，任期终身。各学院的院长（dean）和教授都归校长（或荐举于校董会）聘任。校董因为不一定有教育的兴趣，又多不理解教育的问题，常以全权委之于校长。大学虽也有评议会，而又不像英国大学的评议会那样是代表的集体（见前"伦敦大学"节），以致教授退处于无权，无从申诉学中的清议。所以大学事业的拓展，向来靠着几个贤明强干的校长，如哈佛的埃利奥特氏（Eliot）[1]、约翰·霍普金斯的吉尔曼氏（Gilman）、哥伦比亚的巴特勒氏（Butler）[2]、芝加哥的哈普尔氏（Harper）[3]便是著例。不过校董肯供给大量的资本，使得哈佛、哥伦比亚每年经费达到 10000000 金圆[4]的诧人的巨额，而校长俨然"命官"，所属秘书、会计、注册、统计、建筑、卫生、宗教、出版、宣传的无数人员，形成绝大的行政机构。这十足表现了美国 Plutocracy 和 Bureaucray 的所谓"效能"（efficiency）！至于教学的没有自由、教授的没有保障，为经济学者凡勃伦（Veblen）[5]所致的慨叹，作家辛克莱（Sinclair）[6]所揭的许多行政上——尤其是关于巴特勒氏——的暗幕，

---

[1] 埃利奥特（Charles William Eliot, 1834—1926），美国教育家、化学家，曾任哈佛大学校长。——编校者
[2] 巴特勒（Nicholas Murray Butler, 1862—1947），美国教育家，曾任哥伦比亚大学校长。——编校者
[3] 哈普尔（William Rainey Harper, 1856—1906），美国教育家，曾任芝加哥大学校长。——编校者
[4] 今称美元。——编校者
[5] 凡勃伦（Thorstem Bunde Veblen, 1857—1929），美国经济学家，制度学派的创始人。——编校者
[6] 辛克莱（Upten Beall Sinclair, 1878—1968），美国小说家，主要作品有《屠宰场》、《石炭王》、《石油》等。——编校者

则欧洲有名的学府所未闻也！[1]

四

现在我们将进而叙述各国大学的科系组织。

德、法大学的分科（fokultät，faculté），最为简单而划一。德国因袭神、哲、法、医四科的古制。法国大学，没有神学科，而通分为文、理、法、医四科。关于工、农、商、教等科，德国另设独立的学院（如工学院 Tecknische Hochscule、农学院 Landwistschaftiche Hockschule）和研究所（如教育研究所 Pàdagogische Institut）。法国也另设专科学校（如工业的 Ecole des Ponts et des chaussés、Ecole des Mines，教育的 Ecole Normale Superieure）。

英国旧大学和新大学的体制不同。牛津、剑桥的学院，并非分科性质，已一再说明。至大学分科（faculty），则仍尚神、文、理、法、医的旧贯。伦敦大学的杂乱情形，已详前述。新大学已近似美国的大学，于文、理、法、医四科以外，兼设工、商各科。而且各应地方工业的需要，设各种专业技术的训练科：如曼彻斯特的照相技术、工商管理，伯明翰的酒类酿造，布里斯托尔的汽车工程，雷丁的染色、瓦斯工程，设菲尔德的玻璃制造等。

美国大学的科（faculty）、院（college，school）、系（department）的组织，是繁复极了。除独立的四年制自由学院，只设文理一科，下分若干学系外，凡大学都于普通训练的文理学院之外，分设许多专业训练的学院（如法、医、工、农、商、教）和研究学院。前者称 professional school，后者称 graduate school。各有各的 faculty 与 departments。更复杂的是：专业各科的学院，有的是"研究"的程度，换句话说，须文理学院毕业后方能进修；而有的只要修了文理学院一二年的课程就可以转学；有的甚至于不规定要文理的普通训练，如农、商、教各学院，便往往如此。

举一二实例来说：如哈佛大学，分文理、神、法、医、商、教六科（faculties）。其

---

[1]　Veblen，*The Higher Learning in America*．Sinclair，*The Goose-step*．

文理科有三个学院：① 哈佛学院；② 文理科研究学院；③ 应用科学研究学院。此外，神、法、医、商、教各成一学院。每学院分若干学系。除哈佛学院为四年制的普通文理学院而外，其他各学院，都是研究程度的学院（graduate schools），都只收文理学院已毕业的学生。哥伦比亚大学的组织又不同了。它的哥伦比亚学院、巴纳德女子学院（Barnard College）是普通文理学院，而外则除文理科的研究学院，所有法、医、药、工、矿、建筑、教育、美术各科学院，入学标准并不一律，大致有文理科两年的训练就够了。

以上仅略述各国大学科系组织的梗概。为明了得更透彻些，我们再特别提出几点，加以补充说明和讨论。

1. 欧洲大学分科简单，美国大学院系复沓。保守一点的学者，常因看到美国大学里，不但工、农、商、教都成学院，连新闻、图书、家事乃至旅馆管理也设专科，以为这是美国人学术标准的降低，价值观念的颠倒。编者以为美国的学府，固然不是纯"美"无疵，独于院系复沓的一点，却不足为病。为什么呢？

因为，你如果说德、法四科是大学的正宗，为的大学专事高深学理的研究，至于专业技术的训练，乃专科学校的职能；那么，我们只消指出一点历史的事实而问：中古大学神、哲、法、医四科中间，不是就有三科是宣教师、律师、医师的专业训练吗？而且德国的独立工、农学院和大学一样进行高深研究，一样可以授予博士学位；法国上述的专科学校，有的还比大学程度为高。其分立于大学之外，不过一种习惯和历史发展的先后、师资设备的便利的一点理由而已。

再，你如果照美国大学批评家弗莱克斯纳说，专业训练虽确为大学所有事，可是商业、新闻、图书、师范、家事等，够不上被视为高级的专业（profession），而只好算低级的职业（vocation），无论如何，不该侵占最高学府的讲座；那么，我们要问弗莱克斯纳辨别高级专业与低级职业的原则了。他举出三个高级专业的标准：① 要有深博的文化的（cultural）基础；② 要有精敏的智慧的（intellectual）创获；③ 要有高尚的利他的（altruistic）精神。在我们看来，他没有能言之成理。学理生于技术，凡有技术，哪一项不是文化？深博不深博，那就视其历史的悠长或短暂。智慧的创获，又复和技术分不开。而且，一个新闻记者的智慧，并不见得比一个宣教师为低下。至于一种职业的利他或利己，又不只是"职业道德"的问题，而要看全般社会机构的合理不合理。在现一阶段的社会过程中，商业、新闻固然会变成利己的职业，但神学、法学，也何尝不可被误用为获利的工具呢？

所以，各国大学科系组织，完全是各自的习惯、历史和行政便利的问题，找不出理论上绝对的原则。

2. 其次，我们要补充说明的，是各国大学的修业年限和程度。

德、法大学，用美国的名词来说，大部分是研究学院(graduate school)。它们学生的普通文理科训练，都在中学完成(德中学九年；法中学七年，法中学毕业生称学士)。所以除医科修业至少五年而外，各科均约三年至四年，而以博士学位为结束。英国以前大学只注重所谓自由教育，大学各科，也除医科外，均约三年，以学士学位结束。近年则仿美制设研究科(graduate work)，而有博士学位的授予——先前英国大学的博士学位，多是名誉的赠给。美国中学毕业生的程度，照专家所公认，比欧洲要低到两年。[1] 以至大学文理学院的前二年课程，还只算中学的补充训练。其大学的主体，实在于它的研究和专业的学院。从大学入学起，到研究科以博士学位结束止，至少需六年。论者或不加深察，即以美国文理学院普通科毕业的程度，来和欧洲大学的博士较长絜短，而遽说美国大学的教育，如何贫乏肤浅，那也未得其平。

在美国方面，文理学院普通科和研究科以及专业各科的两级编制，问题原也很多。从全大学说，一个学生自入学以至毕业，既有六年的时期，中间有许多科院的纠葛。这六年课程，应该有怎样合理的、衔接的安排分配？此其一。再从大学的或独立的文理学院说，其前二年的课程，既坦白的认为是中学的补充训练，则又何必来与大学教育混淆？此其二。其后二年的课程，应该怎样和研究及专业各科相联络？此其三。关于这种问题，美国教育家有很多的讨论和试探。我们得公允地给它一点介绍。

先说第一问题：像哈佛要求所有专业和研究科的学生，都须先经过文理学

---

[1] 见 Douglass, *Secondary Education*。

院四年的训练,希望程度可以提高,这是一种办法。像哥伦比亚则使学生在文理学院一二年得到学术上方向的指引(orientation)以后,便入各院开始专业的训练,希望时间或较经济,这又是一种办法。这些前面已经提到,办法也还简单。

至于第二问题:大学既早已向研究和专业训练发展,何必还要分散精力于两年补充中学的课程?倒不如专办文理学院的后二年,或者把前二年另外划出,成一独立单位。同时,小规模的独立文理学院,既永没有能力够得上设立研究和专业各科,与其高低两无所成,倒不如专办文理学院的前二年,而成所谓"初级学院"(Junior College)。这两方面各有许多试验。在第一方面说,如 1927 年威斯康星划出前二年,另建所谓试验学院(Experimental College)[1],不分多少科目,而注重文化的整个理解;又如 1931 年起,芝加哥把文理学院分成两部,前二年为"初级学院",另订共同课程,后二年为"高级学院"(Senior College),则也只分文学、自然科学、生物科学、社会科学四系。在第二方面说,则有很多小的学院,近年改成"初级";又有很多中学,也在计划升格,而添设初级学院。据 1927 年的调查,美国有初级学院 325 所。斯坦福大学(Stanford)因所在地初级学院的发达,就简直废止了文理学院的初级两年课程。

关于第三问题,即独立的文理学院后二年的课程,怎样和学生以后进修的研究及专业各科相联络?也有很重要的新试验。如斯沃斯莫尔学院(Swarthmore College)自三年级起,仿英制设"优异课程",使学生得到自由的研究和较专精的造诣。如安蒂奥克学院(Antioch College),则自三年级起,普通课程和技术实习,每六星期更迭一次,以为专业训练的准备。

在这种种的试验上,美国教育者是费了无量的心思和物力。[2]

---

[1] 今译实验学院。——编校者
[2] 参考以下各书:* Gray, *Recent Tendencies in American College Education*;* Good, *Teaching in College and University*;Hudelson, *Problems of College Education*;Koos, *The Junior College Movement*;* Kelly, *The Effective College*;* Kent, *Higher Education in America*, Ginn, 1930;Lindsay and Holland, *College and University Administration*;* Meiklejohn, *The Experimental College*[参看郑若谷:《明日之大学教育》(南华书局)];Richardson, *A study of the Liberal College*;Wilkms, *The Changing College*[郑若谷译:《大学教育新论》(著者书局)]。美国大学教育,尤其是"自由学院"的讨论,近年出书很多。以上 10 种,是精选的。有 * 号的,尤该特别介绍。又董任坚:《大学教育论丛》(新月书店),也可参考。

3. 最后，我们也比较一下各国大学的学位。

德国大学学位，只有博士一级（Dr. Theol. , Dr. Phil. , Dr. Jur. , Dr. Med. ），学生在独立工学院毕业，提出论文及格的，也授博士的学位（Dr. Ing. ）。

法国大学文、理、法科三年修业，考试及格的，称 Licencié（或译硕士，因 Bachelier 是中学毕业生的称号）。其继续研究，制作论文，口试及格的，再受博士学位（Docteur es lettres, en sciences, en droit, en medicin）。学位是大学以国家的名义授予；因为大学都是国立的。但因外国留法的学生，有已在其本国大学毕业的，则也可以通融，不经 Licencié 的考试，而修业提出论文，及格的授予"大学博士学位"（Doctorat de l'Université），以示非国家学位的定制。

英国大学的学位，比照学制的分歧而复杂。牛津、剑桥，毕业生，概称学士（B. A. ）。其硕士学位（M. A. ），并不代表研究的学诣，仅照例注册纳费于五年后即可领受。除这普通文理科的学位外，法、医科有法学士（牛津称 B. C. L. ，剑桥称 LL. B. ）和医学士（M. B. ）的学位。至于博士学位（Litt D. , D. Sc. , LL. D. 等），则只以赠奖殊异的学者，大学以前没有像欧洲那样的博士学位考试。伦敦和新大学，于 B. A. 以外，学士的名目又繁。B. Sc. 几乎是各大学所通有的，而利物浦又有工学士（B. Eng. ），曼彻斯特、伯明罕都有商学士（B. Com. ）。其硕士、博士等与旧大学同。但近年因研究科的设立，已仿美国的 Ph. D. 而有博士学位考试了。

美国大学的学位，更加繁冗而纷乱。要真的详细说明，势必如孟禄[1]《教育辞书》[2]的列表统计。我们举要地说，美国学位，分为三级。文理学院毕业生称学士（Λ. B. , B. S. , Ph. B. 等）；其入研究科一年，经修业期满，提出论文合格的，得受硕士（A. M. , M. S. , Ph. M. 等）；二年至三年，经研究有得，考试论文及格的，则受博士（Ph. D. ）学位。法学院有 LL. B. , LL. M. , D. C. L. （耶鲁）、J. D. （芝加哥等）的三级。工学院有 C. E. , M. E. , E. E. ；M. C. E. , M. M. E. , M. E. E. ；Ph. D. , D. Sc. 的三级：但这在各大学办法个个不同，虽用一样的符

[1]　孟禄（Paul Monroe, 1869—1947），美国教育学家，教育史学家。——编校者
[2]　今译《教育百科全书》。——编校者

号,但表示不等的意义。医学院只有博士（M. D.）一级。此外,Litt. D. , LL. D. 等博士称号,多只为名誉的赠予。

五

我们叙说现代大学的组织,到这里已很感得烦赘,可是还有两个最重要的因子,是大学组织上所决不能忽视的：那就是教授和学生。

大学要执行它的任务,而谋实现它的最高的理想,教授的慎选是一个紧要的关键。

德国大学教授,是产生于教授会的推举,而受政府任命的,他们的选择最严。一个大学毕业的博士,要能够当大学的教师,至少先要继续两三年的研究,然后在教授会公开举行一度口试和试讲（habilitation sleistungen）,证明他的研究、教学的能力,才得充任一个讲师（privatdozent）。讲师是无给职,不得领大学薪俸,只有权在大学一览上公布他所开的课目,和利用大学教室做他的讲堂。他靠选他的课目的学生的学费维持自己的生活。如其学问还不充足,教法还不优长,学生竟无人就教,那他是无法可以自立的。要经得起这样的磨炼,他得埋头苦学,憔悴专精,最后才以先辈名师的鉴裁,而膺政府的简命。这种制度,虽于少壮的学者不免过苛,而在大学的择师,则可谓"慎之又慎"。教授分二级：① 正教授（ordentliche professor）；② 副教授（ausserordentliche professor）。因为每一课目,只有一正教授。也有为了没有缺额,而常屈居于副教授之位的。

法国的大学教授,由教授会荐举和政府任命,大致与德国的情形相同,不过讲师（chargé de cours 或 maitre de conference）制度稍异。讲师是有给职。他的资格,必须曾受博士学位,而在法、医两科,必须曾经国家考试（agrégation）及格而得称 agrégé 者。教授也分二级：① 正教授（professeur titulaire）；② 副教授（professeur adjoint）——但事实上,后者只一名义而已,并没有附加的俸给。法国中学的正教员,也是 agregé,所以大学教师中间,有过十年八年中学教学经验的也不少。

英、美大学教师,通分四级:① 教授(professor,牛津、剑桥各学院另有所谓 fellow);② 副教授(英有 reader、assistant professor、independent lecturer 等称,美有 associate professor 与 assistant professor 之别);③ 讲师(lecturer,美不一定有);④ 助教(英有 assistant lecturer 和 demonstrator,美也有 instructor 和 assistant 之别)。教授的选择,英国由教授会提出,美国则院长和学系主任常有决定的全权。其由理事庭、校董会或校长聘任,各大学的办法不一律。

大学教授的任期,自受任之日起,至规定年老退隐之年止——可以说是终身的。正教授的最高年俸,德为 13600 马克(又,所收学生学费可至 80000 马克);法为 15000 法郎;英为 1100 镑;美为 12000 金圆。

正教授讲课的时间很少,在德、法,大概他每星期有三小时的公开演讲,此外便是小组研究班(seminar)和实验室(laboratory)的指导工夫了。在英、美,班级讲课也至多每星期不过五六小时。所以教授的生活,是比较的闲暇的。拉丁语的 sehola,原有闲暇的意思。可是他的闲暇,是专用于学术上的;他的学术的生活,是极度的紧张的。如果他闲暇到能够兼任大学以外有给的职务时,英国的学者们便会说他是"失体"(not considered "good form")!

而且,教授以研究、教学为其终身的事业。学问以外,他没有别的事业。所谓研究,是一种不涉实际得失,不负实际责任的顶严密的智慧的活动。哪怕所研究的是一个很实际的问题,而学者观察现象,分析事实,发现新理、新法,以求这问题的解答。他的兴趣和努力,止于这问题的解答,并不汲汲于什么速效和近功。虽然研究的结果,会发生伟大的事业,如工学教授之于国防计划,经济教授之于民生问题,但在他们的研究室里,他们的兴趣和态度,也和寂寞一生的数、理、文、哲教授是一样的。因为教授的专职,是治其所学与传其所学,而不在用其所学。我们如果看到医学教授竟不属于临诊;法学教授或无心于听讼,我们用不着一毫诧异。法国有名的化学教授巴斯德(Pasteur)[1]的生活是典型的。他曾看到法国养鸡、养蚕的人,设法治疗某种病害;法国制酒的人,设法解决某种困

---

[1] 巴斯德(Louis Pasteur, 1822—1895),法国微生物学家、化学家,近代微生物学的奠基人。——编校者

难;这是社会的繁荣的很大的威胁。他感到兴趣了,他放下他的主要研究工作,来努力解答这些问题。法国靠了他的研究的结果,生产上增加不可估量的资源。可是他并没有做过农场的顾问,或酒厂的技师,他自己也不去养蚕、制酒。他只把那些实际的小问题,一个一个的满意地解答了,他发表了研究的结果,悄然地回到他的实验室里去了!

六

最后,关于大学的学生。

德 国 的 若 干 类 的 中 学,如 gymnasium[1]、realgymnasium[2]、oberrealschule[3]、deutschoberschule[4]、aufbauschule[5] 的学生,都以达到所谓"大学成熟"(hochschulereife)为毕业。法国的中学,如 lycée[6]、collège[7] 的学生,以取得学士学位(bachelier)为毕业。它们本来是大学的预备机关,其学生的升入大学是当然的。大学学生选择之严,莫过于德、法,但其选择的职能,属于中学教育的阶级。从中学毕业升入大学,就没有什么问题。

英国中学毕业生的入大学,必经大学入学考试(matriculation examination)。如入牛津和剑桥大学,并须从所入学院的考试。而英国大学入学考试上最值得我们重视的一件事,是"奖学金"(scholarship)制度。贫寒而才学出众的人,得由公开竞争的考试,取得大学的免费学额。这种学额,数目很多,有由大学设的,有由教育部设的(state scholarships),有由地方政府设的(county scholarships),有由教育、学术、慈善团体补助的,总计全英大学学生总数的一半,都得有全部或一部

〔1〕 拉丁语,为进大学作准备的(设拉丁、希腊语等古典课程的)高级文科中学,英文为"gymnasium",德文为"gymnasium"。——编校者
〔2〕 实科中学(着重教授自然科学和现代语言),英文为"realgymnasium",德文为"realgymnasium"。——编校者
〔3〕 九年制的高级实科中学,着重自然科学和现代语言。——编校者
〔4〕 德语初高级中学。——编校者
〔5〕 特种中学,专收中学六、七年级学生,培养后可提前入大学。——编校者
〔6〕 公立中学。——编校者
〔7〕 中学。——编校者

分的奖学金。法国人所称:"学术的门户为才能而开放"(La carriere cuverte aux talents),在英国大学是这样的。这是多么令人羡悦哟!

美国大学学生入学的方式有三: ① 各大学个别举行入学考试;② 大学组合入学考试委员会(College Entrance Examination Board)共同考试;③ 凭认可的中学毕业证书入学。第三方式是大多数大学所采用的。可是中学程度不及欧洲,既为教育界所公认,再加无考试即升大学,而且州立大学——占全美大学生总数的一半——又因法律的规定,对于州内公立中学的毕业生,必须接收而不能拒绝。现在全国大学学生总数,已超过 900000 人(英为 44000 人)。大学生和全国人口的比例: 在英国是 1∶1150,而在美国只 1∶125。这一方面固然显示美国大学教育怎样的普遍发达,而另一方面也指出大学学生的选择问题已是怎样的严重。近年智慧、学力、品性等心理测验的试用,中学成绩的审查,都是解决这问题的初步尝试。[1]

不过,大学的"人满之患"也不仅限于美国。法国欧战前大学生总数 42000人,到 1930 年为 74000 人;德国欧战前大学生总数 59000 人到 1930 年为99500 人。

以个别的大学来说,以英国各大学的学生数最近理想。牛津、剑桥,分那么多的学院,而学生总数各不过约 5000 人。新大学中,只曼彻斯特有 2000 人,其外都各不过 1000 人左右。巴克教授以为理想的人数是 2000 人,超过了这数,则大学本身徒然感受事务组织的机械的重压,而教师和学生毫不能得到自由的接触。其有学院导师制的牛津、剑桥,自然又当别论。只有伦敦大学,因组织的混杂,有学生 9150 人,这在英国大学中已是最高的纪录了。

谁知道德、法、美还有学生 10000 人以上的大学? 柏林大学 14120 人,巴黎大学则达 27000 人! 美国加利福尼亚大学 18340 人,哥伦比亚大学 15100 人,明尼苏达大学 12540 人。全美大学学生超过 2000 人——巴克的理想数——以上的有 60 个![2]

---

〔1〕 Odell 的研究论文,有 *Are College Students a Select Group?* 等,Univ. of Illinois 刊。
〔2〕 见 Lindsay and Holland 前书。

像这样"大量生产"似的大学教育，引起许多极困难的问题：教师的精力够不够？学生的程度会不会降低？研究、实验有没有充分的设备？最困难的是，教师和学生还能不能有个人的、自由的接触？

末了一个问题，我们应该特别提出来说一说。

德、法大学注重高深研究，学生除了在研究班从指导的教授修学而外，对于一般功课的出席与否，很是自由。大学没有师生聚处的院舍，无所谓"大学生活"。虽然，在研究班的学生和指导教授的关系，也是非常亲切的。德国大学生，还有一种流浪的"漫游"（wandoring）的风尚：今年在柏林的，明年会跑到来比锡，后年再上海德堡。这样漫游，据说可以遍饮名师的教泽。等到博士学位的结束，足迹已经好多个学府了。像牛津、剑桥诸院，各有院风：师生们平日孳孳于学问而外，有水边林下的邀游，端艇球类的竞技，茶前饭后的上下古今的纵谈；学生毕业以后，对于母校的学生致其回忆和钟爱；这是欧洲大陆大学的学生所不能想象的。

美国大学的研究科和专业科各学院，虽深中"大量生产"的弊害，而它们的基本的文理学院，以及几个有历史的小规模的独立文理学院，则向来注重所谓"学院生活"（college life）。其最先仿效牛津、剑桥的导师制的，是故总统威尔逊氏（Wilson）[1]任普林斯顿（Princeton）大学校长时所行的 Preceptorial System[2]。近年哈佛的哈佛学院，耶鲁的耶鲁学院，都以哈克尼斯氏（Harkness）慷慨的捐助，能够另建院舍，分成若干师生聚居的小单位，每单位约容二百人；教师和学生共同起居，共同研究，谓之"学舍制"（House System）。

迈克尔约翰博士（Meiklejohn）[3]于 1927 年辞卸有声誉的阿默斯特（Amherst）大学校长之职，而到威斯康星州立大学去创办一个小小的"初级"的试验学院（见前），最初只招 120 个学生。他实在是抱着很深切的期愿而去的。这里就引他的几段紧要的话作为结束：

---

[1] 威尔逊（Thomas Woodrow Wilson, 1856—1924），美国总统（1913—1921），民主党人。——编校者
[2] 导师制。——编校者
[3] 迈克尔约翰（Alexander Meiklejohn, 1872—1964），美国教育家。——编校者

我们承认：大学教育的期望，在于发展学生的智慧的活动，养成独立研究的精神。……要使学生在他的教育上，能够自己领导自己；我们做教师的，就得希望以不领导为领导（we hope to lead by refusing to lead）。智慧的力量，只能由锻炼得来。但怎样锻炼学生的智慧呢？换句话说，怎样引发、刺激和解放他们的智慧，使其能够自发、自动呢？这自然要试用许多方法，而这些方法，以我看来，都可包含于组成一个学习的社会（a learning community）这概念之内。我们要使个个学生，都成为这学习的社会的成员，从而使他们发觉在这社会里的其他成员，和他们一致地进行着同样的活动，而获得自发、自动的刺激和鼓励。

我们把学生的宿舍，同教师研究学问的地方，设在一个建筑物之内，这样可以促进那社会团结的凝成。学生住宿的安排，对于他们的学问兴趣的影响，美国已故总统威尔逊在普林斯顿任校长时早见到了。……在那时的情形下，学生和教师既没有若何亲切的关系，倒反和毕业的校友们异常接近。学校当局有所革新，保守的校友们就利用同学起来横加干涉，以至当局莫展一筹。威氏深感这种困难，竭力主张学生要和教师亲近，以启发好学的精神，改变务外的心理。他的计划，也就是作教师和学生同处的安排。使他们成为一个社会的成员，过着共同的生活。教师遂能根据对于学生的相当的了解，本着亲切的友爱来领导他们，向着光明的路途走去。[1]

---

〔1〕引郑若谷译，文字略有出入。见《明日之大学教育》第二篇。

第二章
中国大学的发展

　　是 1800 年的鸦片战争而后,中国社会受了空前的震撼,这在她的近代史上是一个奇迹的开始。接着,我们便看到她是如何的为外方所逼迫着被拽上了现世代的舞台。先是所谓夷狄的炮火,惊醒了夜郎自大的迷梦;不久,机器商品、运输工具,没一件不是威慑得中国人目瞪口呆的。薛福成记载过胡云翼为了"忽见二洋船,鼓轮西上,迅如奔马,速如飘风",而至于"变色不语","中途呕血"。郭嵩焘给李鸿章的信上也说:"钟表玩具,家皆有之,呢绒洋布之属,遍及穷乡僻壤。"这在中国的历史上,其严重性不是表面上的军事失利和洋务不修,这是应该理解为经济机构的历史转变的。可是清末的朝野,又谁有这样的理解?从此六十年后,一切教育的设施,就在这没有理解的变法自强运动中开始了。自 1862 年(同治元年)设同文馆、广方言馆[1],1867 年(同治六年)曾国藩在江南制造局设机器学堂,左宗棠也在福州设海军制造学堂[2],1879年(光绪五年)天津设电报学堂、水师学堂、军医学堂[3],直至盛宣怀在上海设

---

〔1〕 1863 年李鸿章仿京师同文馆例,奏设上海同文馆,后改称上海广方言馆;1864 年,广州仿上海例亦设广方言馆,又称广东同文馆。——编校者
〔2〕 海军制造学堂,即福州船政学堂。1866 年(同治五年)左宗棠奏设,是近代中国最初的专门培养造船技术和海军人才的学校。——编校者
〔3〕 天津电报学堂 1880 年(光绪六年)李鸿章奏设,附于天津电报局内,学习年限 4—5 年,约 1901年停办。天津水师学堂,1880 年李鸿章奏设,学习年限 5 年,是近代中国最初的海军学校之一,严复曾长期任该学堂总教习。天津军医学堂即北洋医学堂,又称天津医学堂,1893 年 12月由清政府接办天津医学馆(1881 年伦敦传教会 Maehenrie 医生所办)后改建而成,附设于李鸿章创办的天津总医院内,学习年限 4 年,主要造就海陆军外科医生。——编校者

南洋公学，[1]李鸿章在天津设北洋大学堂，[2]这在中国的教育史上，未尝不是一个时代的飞跃，但漫漫的残夜，却依然没有透露出熹微的曙光。1894年(甲午)、1900年(庚子)而后，外力的刺激，总算达于极点，割地赔款，纷变沓乘。而那时的士大夫，仍然没有理解时代的意义，以老成谋国如张之洞，还怃于"中国不贫于财而贫于人才，不弱于兵而弱于志气"的肤浅的观察，不积极的从社会经济的基础上，开发中国的新机，而只憧憬于没有与之相应的经济基础的文化教育事业，来挽救"国蹙患深"的危局。那样的教育，自然只留着一个没有灵魂的形体，而不能发挥其推进社会的机能。因此，清廷因慑于外力而兴学，而兴学的结果，除蕴蓄了否定其自身统治的思想而外，一点也无补于他们的"时艰"。京师大学堂在这种没有灵魂的教育政策之下成立起来，其对于社会的意义，自然是非常贫薄。不过，在我国教育史上，是现代大学成形的开始，且为后来的北京大学奠下了基础，在叙述中国大学教育时实在是不可忽略的。

先是1894年(甲午)、1900年(庚子)之间，兴学运动盛极一时。北洋大学的前身、头等、二等学堂，已在天津设立。现在交通大学的前身——南洋公学，也在上海开办。而京师大学堂筹办的呼声，甚嚣尘上，差不多成为那时封疆大吏、朝野名流奏疏中不可缺少的一回。1898年(光绪二十四年)戊戌变政，侍郎李端棻疏请立大学于京师。五月，清廷正式命军机大臣、总理衙门大臣，迅速议奏《京师大学堂开办章程》。不久，命孙家鼐管理大学堂事务。开办经费、常年用款，由户部筹拨，而以前设立的官书局、译书局，都并归大学堂，由管学大臣督率办理。以景山下马神庙四公主府为大学基址。实则一切学科课程的支配，大权还操在总教习美国人丁韪良(Martin)[3]之手。学生是招的一班进士、举人出身的京曹，

---

[1]　1896年(光绪二十二年)冬，盛宣怀奏设，翌年4月开学，先设师范院，同年秋设外院(即小学堂，学制三年)，1898年设中院(即中学堂，学制四年)，1900年设上院(即大学堂，学制四年)，为近代中国学校三级制的雏形。——编校者

[2]　1895年(光绪二十一年)盛宣怀奏设，初名天津中西学堂，又名北洋西学堂，分头等(即大学堂)和二等(即中学堂)，是近代中国最初的工科大学，1903年改名北洋大学堂。——编校者

[3]　丁韪良(William Alexander Parsons Martin, 1827—1916)，美国北长老会传教士，曾参与中美《天津条约》的起草，1865年任京师同文馆英文教习，1869年任总教习，1898年任京师大学堂西学总教习。——编校者

而人数很少。八月，新政失败。未几，1900 年的庚子拳祸又作，京师大学虽侥幸存在，而事实上已等于停顿，到 1901 年才重整旗鼓的。这一段话，可以结束 20世纪以前我国大学教育的情况。以后我们叙述中国现代大学之史的发展，则从20 世纪开头。这三十年短短的大学史，又因社会变迁中几件大事，而自然划为四个时期：

（1）辛丑和议（1901 年）

（2）辛亥革命（1911 年）

（3）五四运动（1919 年）

（4）国民革命（1927 年）

本章以下，便依这次序来论述。

一

　　1901 年辛丑和议成，赔款 450 兆，清廷又因之而兴奋振发起来。京师大学堂若断若续的命脉，到这时似又略有生气。张百熙被派为管学大臣，总理全国学务，并举办京师大学堂。当时各省开办的高等学堂很少，大学堂的招生很成问题。1902 年，便筹定办法，缓设分科，暂设高等学堂为大学堂之预备，分政、艺两科，以经、史、政治、法律、通商、理财属政科，声、光、电、化、农、工、医、算属艺科。又设预备科，招收各省中学堂卒业生，入学肄业三年，再升入大学。此外又设速成科，分仕学馆，招中级京员、外官肄业；师范馆，招举贡、生、监肄业。这时张百熙本拟在丰台购地，筹建分科大学，又因政治上的阻碍作罢，仍就马神庙旧址设立。1903 年，张之洞入京，学制方面稍有改革，总理学务大臣统辖全国学务，另设大学堂总监督专管大学堂事务。拟把大学堂分通儒院和大学本科。通儒院的学生，重研究，不上堂，不计时刻。大学本科分为八科，为经学科、政法科、文学科、医科、格致科、农科、工科、商科；各科再分设数门。这是京师大学堂。至于外省大学堂，至少须设三科，这和现在的规定相同，不过没有规定应设哪三科罢了。1904 年，张亨嘉正式被派为京师大学堂总监督。从此,大学脱离教育行政机关而独立。1909 年(宣统元年)又筹办分科,计经、法、文、格致、农、工、商共七科,各科俱以预科及译学馆毕业生升入。1910 年,分科大学开校,有学生四百多人。以上所述系京师大学堂成立的大概和体制的变迁。

京师大学堂既正式开办,同时,各省也闻风响应。大学的成立,如雨后春笋,如山西有晋省大学堂[1]的设立,河南有河南大学堂的筹议。各省的书院,也在这时换上大学堂的名称:如陕西的味经、崇实两书院合并为宏道大学堂[2];湖北的两湖书院改为两湖大学堂;湖南的求志书院改为湖南大学堂;广东的广雅书院改为广东省大学堂[3];浙江的求是书院改为浙江省大学堂[4]。而江苏省的南菁书院也改为江苏全省南菁高等学堂。[5]

现在我们再略述那时大学教授和学生的情形。

先后主办京师大学堂的张百熙、张之洞、张亨嘉诸人,都是当时所谓负"人望"的宿儒,而且是中枢的权要。他们办学的见解,诚然不尽高明,而他们办事的热忱恳挚,用整个的心神来努力于他们的事业的发展,这种鞠躬尽瘁的态度,使我们现在看起来,又有"古道可风"的感慨。他们在厌言新政的满人新贵中,能强项地执行其主张。新政惨败之后,大学生徒的思想,渐渐因梁启超的《新民丛报》的影响而有政治的觉悟,一时京师大学堂被目为革命之府。朝野谤焰,集于张百熙一身。张能不为环境屈服,能不因讨得清廷的欢心,而延滞或摧残大学堂的发展,和荣禄争,和丁韪良争,苦心支柱,力任群谤,以存大学。为了要延请"德望为时所服"的吴汝纶充大学堂总教习,以至"具衣冠诣汝纶,伏拜地下曰:'吾为全国求人师,当为全国生徒拜请也。先生不出。如中国何!'"较之今日为何如? 不以教育来猎官,不以学生为工具,"其附循学生,肫诚恳挚,第一次选大学学生,分赴东西洋留学,亲送其登车,勉以宏大之业"。以至"及百熙殁时,旧日生徒集祭,皆

---

〔1〕晋省大学堂,即山西大学堂。——编校者
〔2〕宏道大学堂由味经、崇实、宏道三书院合并而成。——编校者
〔3〕广东省大学堂即两广大学堂,1903 年改称广东高等学堂。——编校者
〔4〕浙江省大学堂即求是大学堂,1902 年改称浙江大学堂,次年易名浙江高等学堂。——编校者
〔5〕江苏全省南菁高等学堂,即南菁文科高等学堂。——编校者

哭失声"。则较之今日，又为何如？而且对于教习的选择，"不论官阶，不论年齿，务以得人为主"。即就那时所延聘的教习如孙诒让、林纾、严复等，也都能在那时的学术上有相当的贡献。

关于学生方面的情形，在《筹议京师大学堂章程清单》中，曾有详细的规定。本来"大学堂学生皆由中学堂学成者递升"，但为迁就事实，不得不变通办法，已如前述。如学生系由各省中学堂咨送来堂时，先由总教习考试，编入头班或二班。但为广大教译起见，凡愿入学堂者，均准入学肄业，先作为附课生，"一月以后，由总教习、提调等察其人品资质，实可教诲，然后留学"。视学生成绩之优劣，定每月膏火之多寡，分二十两至四两六级，如在"大学卒业，领有文凭，作为进士，引见授官"。并"择其尤高才者，授之以清贵之职，仍遣游学欧美各国数年，以资阅历而期大成，游学既归，乃加以不次擢用"。这便是"变通科举，使出此途，以励人才而开风气"。关于大学生的生活，在《京师大学堂堂舍规条》上也可以看到一部分。"学生分为数斋，每斋置斋长及副斋长各一名，由学生自行推荐，管理大臣命之。""年假、暑假、星假及章程停课之日，学生得任意出外。但遇行礼之期，须礼毕后方可。其每日堂课及温习既毕之后，如有要事，应准出外，仍在本堂提调及斋长处申明，但每星期不得过两次。……凡出外者，其本日回堂之时，皆以本堂大门关锁之时为限。"关于请假，"如有谎词托故，察出后，照章记过"。对于学生思想方面，也有种种限制：如不准预闻他事，不准干预国家政治及本堂事务；不准离经叛道，妄发狂言怪论；不得私充报馆主笔及访事人，不准私阅稗官小说，谬报逆书；不准联盟纠众，立会演说等。条据上述种种，我们可以推想到一个青年，从入学到卒业，处处是利禄在前途作强烈的炫耀。"学优则仕"既成为中国士人的天经地义，那时的大学生自然会入其壳中的。

当戊戌时，大学生诵八股之声，比舍不绝。癸卯、甲辰间，虽学风"扬厉"，然科举未废，大学生于校舍攻策论，习殿试白折者，亦所恒有。乡、会试期届，校舍辄空其半。甲辰会试，张百熙、荣庆皆以学务大臣充总裁。总监督张亨嘉谕止学生赴试，学生则言："管学且奉旨主试，何独禁吾侪赴试乎？"亨嘉无以难，卒听之行。（见罗惇曧：《京师大学堂成立记》）

但时代的信号，已渐默示于人间。大学生徒，也尽有"发扬蹈厉"的人在！

至于欧美人有许多带着他们社会的使命来宣传基督教，也很聪明地看到了教育事业的必须利用。于是基督教徒创办的大学，也早在国内立下相当的基础。如 1845 年（道光二十五年）美国圣公会主教文氏[1]在上海设立的约翰书院，1830 年在武昌设的文华书院，都在 1908 年（光绪末年）成立正式大学。1864 年（同治三年）美国长老会狄考文[2]在山东登州[3]设文会馆，1866 年（同治五年）英国浸礼会在青州设广德书院，后来这两校合并为广文学堂[4]，设在潍县。到 1917 年（民国六年）山东齐鲁大学的成立，便是由这两校和济南的医学校[5]、青州的神学校[6]合并而成的。美国美以美会在 1888 年（光绪十四年）立汇文书院[7]于北京，1893 年（光绪十九年）公理会在通县[8]设潞河书院[9]。后来的燕京大学[10]，便是这两个书院合组的。现在的东吴大学[11]便是以前美国监理公会林乐知[12]在 1881 年（光绪七年）设立的上海中西书院和 1897 年（光绪二十三年）在苏州设立的中西书院改组的。美国长老会自 1885 年（光绪十一年）就在澳门、广州诸地建设学校，到 1904 年（光绪三十年）合成广州的岭南大学[13]。其

---

〔1〕 文氏即文惠廉（William Jones Boone, 1811—1864）。——编校者
〔2〕 狄考文（Calvin Wilson Mateer, 1836—1908），美国北长老会传教士。——编校者
〔3〕 今蓬莱。——编校者
〔4〕 于 1904 年合并。——编校者
〔5〕 即共和医道学堂。——编校者
〔6〕 即神道学堂。——编校者
〔7〕 当为 1890 年，1904 年改称北京汇文大学堂，1912 年更名为汇文大学校。——编校者
〔8〕 今河北通州。——编校者
〔9〕 潞河书院于 1904 年改称华北协和大学。——编校者
〔10〕 燕京大学 1916 年成立于北京，由华北协和大学、北京汇文大学和北京协和神学院合组而成，为美国基督教长老会、美以美会、美以美联合会、公理会和英国伦敦会合办。——编校者
〔11〕 东吴大学于 1901 年由苏州中西书院改办而成，1911 年上海中西书院并入。——编校者
〔12〕 林乐知（Young John Allen, 1836—1907），基督教美国监理会传教士。——编校者
〔13〕 岭南大学于 1918 年定是名，之前为 1888 年在广州成立的格致书院，1900 年迁至澳门，改称岭南学堂，1904 年迁回广州。——编校者

他如金陵大学[1]、沪江大学[2]、华西协合大学[3]都是较为有历史的教会大学。

二

1912年(民国元年)蔡元培任第一任教育总长,曾发表了他的《新教育意见》,那时所公布的《教育宗旨》:"注重道德教育,以实利教育、军国民教育辅之,更以美感教育完成其道德。"便是以他的意见为根据的。但在沙滩上不能建起稳固的楼阁,在那时列强驰骋、军阀混战的中国,还无法实现欧美近代社会的实利主义教育和公民道德教育。不过蔡氏有意识的看出了中国教育的时代需要,从而领导它进于启蒙的阶段,这是值得纪念的。至于后来袁世凯虽也有过什么"法孔孟、戒躁进、重读经"的教育宗旨,却没有列论的价值了。

1912年所公布的学校系统案,在教育上以国民教育与人才教育并重。对于中学与大学的承接,注意于外国语的学力是否充足。对于大学教育的规定有下列两点:① 废止高等学堂的名称,正名为大学预科,先定大学预科二年毕业,本科三年毕业。后因中等教育未普及,外国语程度不足,大学预科定为三年,本科定为三年或四年。② 设大学院,但"不必别设机关",也未列入学校系统中。照所颁布《大学令》,大学设文、理、法、商、医、农、工七科,而以文、理二科为主。文科称大学,须兼设法、商二科,理科兼设医、农、工三科,二科或一科,亦得称大学。大学设校长一人,各科设学长一人,教员分教授、助教授,遇必要时得延聘讲师。全校设评议会,各科设教授会。这是"教授治校"的雏形。1913年(民国二年)颁布《大学规程》,各科分为数门,有详细的规定。大学预科分为三部:第一部为志愿入文、法、商科者设之;第二部为志愿入理、工、农各科者设之;第三部为志愿入

---

[1] 金陵大学于1910年由美国美以美会在1888年建立的南京汇文书院,以及美国基督会和长老会合办的宏育书院合并而成。——编校者
[2] 沪江大学于1915年定是名,初名上海浸会大学,1906年由美国基督教南北浸礼会创办。——编校者
[3] 1905年由英国基督教圣公会、公谊会,美国浸礼会、美以美会和加拿大循道会在四川成都合办,初名华西协和中学;1910年成立大学部,改名华西协和大学。——编校者

医科、医药门者设之。1917 年(民国六年)又修正《大学令》,大学但设一科者称某科大学;大学本科的修业年限一律改为四年,预科改为二年;大学教员分为正教授、助教授,讲师仍旧。废止各科教授会,凡各科事项,必须开会审议者,即由各该科评议员自行议决。

　　不久,袁世凯任总统,封建军阀的残烬复炽,以前的革命分子,也许多成了北洋军阀的策士,而造成社会属中的政客集团。而教育的被卷入政争的漩涡,在那时就开始了。政党的组织,在欧风美雨中传来,似乎是告诉了中国的军阀政客,这组织是攘夺权势的最好的工具。于是,所谓党、会、社、派一时勃兴。其中虽也不乏所谓志士,抱着一种政治的理想,企图发展其怀抱的,但大多数却只是沉溺于利禄的追逐。这种社会背景,自然最先传播到教育界来。袁氏鉴于中国知识分子在政治攘夺上有相当的力量,对于学生的加入党派,就生怕将来成为大患。湘中宿儒王闿运早就献议:"今之弊政在议院,而根由起于学堂。盖椎埋暴戾不害治安,华士辩言,乃移风俗。其宗旨不过弋名求利,其流极乃至肆无忌惮。"尤其使他注意的自然是大学。而且在民国二年时,参议院议员选举,定中央学会为选举机关。其中会员以"内外大学及高等专门学校三年以上毕业者得有互选资格"。大学在政争上,无疑地是重要了。所以袁氏明令禁止学生入党:"如屡戒不悛,应即按照学校管理规程,予以惩戒,或径令其退学,毋稍宽贷,以重教育,各该校教职员,亦宜本身作则,毋得藉学校机关为党略上之作用。"不久,《国会组织法》中央学会选出议员的规定,也因北京大学法科学长余某[1]的呈请而修正,以免"奔竞之风,及于学界"。其实,那时政党的分歧,权利的倾轧,已在社会上搅扰得烟瘴漫天。虽也尽有许多大学生,从事政党的活动,而实在无多意义。不过在这学生运动的启蒙期中,政治意识的自觉和组织的尝试,都是导入以后的五四运动的前驱!

　　1913 年(民国二年)讨袁军失败而后,袁世凯是看出全国教育界中,有一部分不可轻侮的革命势力存在着。于是,又有大总统《维持学校令》的颁布:

---

〔1〕 即余启昌。——编校者

　　……十余年来，国中学务，粗具形式。而于锻炼气质，侧重道德之精神教育，非徒玩弛，甚或背驰。身在学龄，妄干政治，徒拾自由平等之余唾，堕失爱亲敬长之良知。一二桀黠之徒，利用青年，思想简单，血气狂热，多方煽诱，小则旷时失学，大则亡身破家。丧我菁华，陷于戮辱。芝兰玉树，化为荆榛；谁生厉阶，思之泪下。……

但袁氏急于帝制自为，那样维持学校的皇皇明令，反稳稳默示政治黑暗的袭来了。

　　至于大学本身，值得记载的只有北京大学的变迁。民国成立，京师大学堂改称北京大学校，总监督改称校长。大总统命严复署理校长，后严辞职，由马良、何橘时先后继任。时学生已有七百余人，预科生因据章请求免行升学考试，与何氏冲突，引起绝大风潮。学生方面，以预科本为升入大学的预备，宜乎不受考验。且以何氏肆口谩骂，为自有学校以来之奇耻，相率逼何辞职。而学校方面，以为学生破灭风纪，毫无道德观念，且集众滋扰，为从来为校长者所不堪忍受。这是北京大学风潮的第一声。不久，北京大学又有停办的传说。因为这时教育部规划：全国国立大学，拟定四区（北京、南京、武昌、广州）。北京大学和天津的北洋大学距离太近，不符学区分划之意，想把两校合并。但为舆论所反对，两校仍然并存。北京大学设文、法、理、医四科，其理由：

　　文科为一国文艺之中心，学术之枢纽。自宜设于首善之地。法科则以法律、政治、经济皆经世之术，而从政之才出焉，亦宜设于北京为是。理科则皆实验之科学，如生物学科则必籍乎动植物院及水族馆之类。此等建设，在他处可以或无，而北京则不可不有，此则理科之宜设于北京也。医科为强健国民之要素，我国向来轻视，今宜于北京大学设立此项分科，亦所以耸四方之观听。于北洋大学则特设工科一分科，北洋之设工科分科大学者，以其为水陆交通之处，且种种工程，无不具备。

这样,北京大学的内容又较为严整,而北洋大学也成为中国最早的而且较为完备的工科大学了。

1917年(民国六年)蔡元培任北京大学校长。关于当时情形,有下列的记载:

> ……六年,胡仁源辞职,赴美调查工业。任命蔡元培为北京大学校校长。蔡氏学界泰斗、哲理名家。就职后,励行改革,大加扩充。本其历年之蕴蓄,乐育国内之英才,使数年来无声无臭、生机殆尽之北京大学校,挺然特出,襄然独立。延名师、严去职、整顿校规,祛除积弊。至六年暑假,全校顿增至二千人。停办工、农各科,专办文、理、法三科。陈独秀任文科学长,夏元瑮任理科学长,王建祖任法科学长。其旧有工科学生尚未毕业者,届至毕业为止,暂以温宗禹为工科学长。各有专长,分道并进。学风不振,声誉日降。各省士子,莫不闻风兴起,担簦负笈,相属于道,二十二行省皆有来学者……(公时:《北京大学之成立及沿革》)

蔡氏任北大校长,有"大学改制"之议,在1917年国立高等学校校务讨论会中,蔡氏提出"大学改制"的议案。这提案的值得重视,在其从大学任务的认识上来确定大学的制度。这里有录其全案的必要:

> 窃查欧洲各国高等教育之编制,以德意志为最善。其法科、医科既设于大学,故高等学校(按:指hochschule,已见前章。——编者)中无之,理科、工科、商科、农科,既有高等专门学校,则无复为大学之一科。而专门学校之毕业生,更为学理之研究者,其所得学位,与大学毕业生同。普通大学之学生会,常合高等学校之生徒而组织之。是德之高等专门学校,实即增设之分科大学,特不欲破大学四科之旧例,故别立一名而已。我国高等教育之制,仿自日本,既设法、医、农、工、商各科于大

学,而又别设此诸科之高等专门学校,虽程度稍别浅深,而科目无多差别。同时并列,义近骈赘。且两种学校之毕业生,服务社会,恒有互相龃龉之点。殷鉴不远,即在日本。特我国此制行之未久,其弊尚未著耳。及今改图,尚无何等困难。爰参合现行之大学及高等专门学校制,而改编大学制如下:

(一)大学专设文、理二科。其法、医、农、工、商五科,别为独立之大学,其名为法科大学、医科大学等。

其理由有二:文、理二科,专属学理。其他各科,偏重致用。一也。文、理二科有研究所、实验室、图书馆、植物园、动物院等种种之设备,合为一区,已非容易。若遍设各科,而又加医科、工科之医院、工场、农科之试验场等,则范围过大,不能不择适宜之地点。二也。

(二)大学均分为三级,预科一年,本科三年,研究科二年,凡六年。

上案由教育部各主要人员及各校长会议。结果,第一条均无异议,但以第二条中,预科一年,为期过短,最后由教育部指令:"改编大学制年限办法,经本部开会迭次讨论,应定为预科二年,本科四年。"

这次改制的根本意义,在蔡氏与周春岳商榷"大学改制"的文字中,还有几段更重要的说话:

……文、理,学也。虽亦有间接之应用,而治此者以研究真理为的,终身以之。所兼营者,不过教授著述之业,不出学理范围。法、商、医、农、工,术也,直接应用。治此者虽亦也可有永久研究之兴趣,但及一种程度,不可不服务于社会,转以服务时之所经验,促其术之进步,与治学者之极深研几,不相侔也。……治学者可谓之"大学",治术者可谓之"高等专门学校",两者有性质之别,而不必有年限与程度之差。在大学,则必择其以终身研究学问者为之师,而希望学生于研究学问之外,别无何等之目的。其在高等专门,则为归集资料,实地研究起见,方且于学校中设法庭、商场等雏形,则大延现任之法吏、技师以教之,亦无不可。即学生日日悬毕业后之法吏、技师以为的,亦无不可。以此等性质之区别,而一谓之"大",一谓之"高",取其易于识别,无他意也。

改制以后的北京大学,其内容可归纳为下述数点:

(1) 扩张文、理两科。

(2) 移法科于预科校舍,作法科独立之预备。

(3) 商科因限于经费,只授普通商业学,名不副实,即将商科改为商业学而隶于法科。

(4) 工科因仅有土木工门及采矿冶金门,而北洋大学近在咫尺,课程设备多彼此重复。所以预科毕业生之愿入工科者,送入北洋大学,俟校内两班工科毕业后,即行停办。

(5) 预科减为二年,分隶各科,一切课程可与本科衔接。

在这一节之末,我们应该追叙民国初年,几个私立大学创校的一段故事。上海复旦大学[1],本是 1905 年,法国教会所立震旦学院[2]学生因风潮离院,而共同自动组织的,政府也曾给予若干补助。马良、严复曾先后掌校。辛亥革命,校舍被占为军用,生徒星散。民国元年,由同学会合谋恢复,并请李登辉氏为校长。又上海大同大学也创始于民国元年,是胡敦复氏等"慨外力之侵凌,教育之不振,特揭立人达人之旨,发起立达学社,以讲学励志相勖"。社员捐资捐薪,刻苦经营成立的(初名大同学院。民国十一年,经教育部立案,改称大同大学)。天津南开大学的创立校,在民国七年。但那时南开学校却也有十年的历史了。此校原为严修、王奎章延张伯苓氏为子弟课读之所,从学塾而改中学,改大学。严修有始终扶植之功,张伯苓尤致其恒久不懈之力。这三个大学的校长,各尽瘁于其所创的学校至二三十年。这不仅是国立大学所未有,也是私人兴学所难能。

---

〔1〕 复旦大学的前身,是 1905 年脱离震旦学院的师生所创办的复旦公学,1917 年改办大学,定名私立复旦大学。——编校者
〔2〕 1903 年法国天主教耶稣会创办于上海,1914 年定名震旦大学。——编校者

他们的努力在中国大学史上,是不可埋没的。

三

　　袁世凯为了要遂帝制的迷梦,和日本密订了二十一条卖国的契约。这使日本在欧战后的巴黎和会上,得了攘夺德国在山东的权利的口实。1919 年,中国在巴黎和会中节节失利,尤其是索还胶州湾租借的对日外交战已濒于危殆。5月1日,这些噩耗,已不绝地从巴黎传到中国,使国内人心激昂起来,全国视线,完全集中在山东问题的交涉上。许多职业团体、政治团体,都纷纷请求政府,如山东问题失败,拒绝签字和约。偏偏那时亲日派的外交人员章宗祥自日本返国,政府的态度又很暧昧,更使国内民众疑虑,尤其是北京的大学生,对于政府的无能,表示极端的愤慨,准备在 5 月 7 日签订二十一条的纪念日举行扩大的纪念会,以唤起全国民众,促政府的觉悟。5 月 4 日下午,北京各校学生 5000 人,已经有示威的运动,主要的口号是誓死力争青岛和打倒卖国贼章、陆、曹。这是当时民众对帝国主义和国内军阀政府抗争的具体的主张。群众拥到曹汝霖的门前,见章宗祥又适在曹宅,于是许多愤怒的拳头,都向卖国政客的头上飞去,赵家楼的火光,照澈了原野。学生有 30 人被捕,政府明令惩办学生,而大学解散之谣,传遍各地。北京大学首先发起北京中等以上学生联合会,上海学生联合会也开紧急会议,发动了全国的同盟罢课。政府的处置,却只有暴力的压迫。我们看那时北京学生联合会的报告,便可以想见军警的专横和学生的愤激了:

　　……今日学生游行讲演,各校之出发者九百余人,被捕者一百七十八人。北京大学法科已被军警占据,作为临时拘留所,拘囚被捕学生于内,校外兵棚二十,断绝交通。军警长官,对于学生任意侮辱。手持国旗,军警夺而毁之。讲演校旗,亦被撕掷。其坚持国旗与校旗者,多遭枪殴。受重伤者二人,旋被送入步军统领衙门。榜掠备至,尚不知能否生还。此外以马队之冲锋而受伤者亦多。东华门外有一军官对学生曰："吾系外国人。"其颟顸昧良，有如此者。学生等文弱，拘囚榜掠，任被军警之所为，一日不死，此志勿夺。杀贼杀敌，愿与诸君共勉之！

于是，又激起全国的罢市罢工。这一来，才使政府罢免了章、陆、曹的官职，而巴黎和会中的中国代表，拒绝了和约的签字。五四运动的本身，是借着政治问题而爆发的，其内容的含载，却不是这样的简单。

本来，五四运动以前，已有所谓新旧思潮之冲突。新思潮代表现代工业经济和民主政治，而旧思想则为封建意识残余。最明显的把新文学运动来说吧！自陈独秀、胡适的文学革命旗帜一扯，刹那间便摧毁了封建文学的壁垒。这里应该引用蔡元培与林纾往返信件上的话，因为这是对于我们了解那时的中国的大学很有帮助的。林纾说：

……大学为全国师表，五常之所系属。近者外间谣诼纷集，我公必有所闻，即弟亦不无疑信。或且有恶乎阘茸之徒，因生过激之论。不知救世之道，必度人所能行；补偏之言，必使人以可信。若尽反常轨，侈为不经之谈；则毒粥既陈，旁有烂肠之鼠；明燎宵举，下有聚死之虫。何者？趋甘就热，不中其度，则未有不毙者！方今人心丧敝，已在无可挽救之时。更侈奇创之谈，用以哗众，少年多半失学，利其便已，未有不糜沸麇至而附和之者；而中国之命脉如属丝矣！……前年梁任公倡马、班革命之说，弟闻之失笑。任公非劣，何为作此媚世之言！马、班之书，读者几人，殆不革而自革。何劳任公费此神力！若云死文字有碍生学术，则科学不用古文，古文亦无碍科学。英之迭更[1]，累斥希腊、拉丁、罗马之文为死物；而今犹存，迭更虽躬负盛名，固不能用私心蔑古；矧吾国人尚有何人如迭更者耶？……且天下唯有真学术真道德，始足独树一帜，使人景从。若尽废古书，行用土语为文学，则都下引车卖浆之徒所

---

[1] 今译狄更斯(Charles Dickens, 1812—1870)，英国作家，英国现实主义文学的重要代表，其代表作有《大卫·科波菲尔》、《双城记》等。——编校者

操之语，按之皆有文法，不类闽、广人为无文法之啁啾；据此则京、津之
稗贩，均可用为教授矣！若《水浒》、《红楼》皆白话之圣，并足为教科之
书。不知《水浒》中辞吻，多采岳珂之《金陀萃篇》，《红楼》亦不止为一人
手笔。作者均博极群书之人。总之非读破万卷，不能为古文，亦并不能
为白话。若化古子之言为白话演说，亦未尝不是。按《说文》演，长流
也；亦有延之广之之义。法当以短演长，不能以古子之长，演为白话之
短。且使人读古子者须读原书耶？抑凭讲师之一二语，即算为古子？
若读原书，则又不能全废古文矣！矧以古子之外，尚以《说文》讲授？
《说文》之学，非俗书也。当参以古籀，证以钟鼎之文，试思用籀篆可以
化为白话耶？果以籀篆之文，杂之白话之中，是试汉唐之环燕，与村妇
谈心；陈商周之俎豆，为野老聚饮，类乎不类，弟闽人也，南蛮駃舌，亦愿
习中原之语言。脱授我以中原之语言。仍令我为駃舌之闽语，可乎？
盖存国粹而授《说文》可也，以《说文》为客，以白话为主，不可也。乃近
来尤有所谓新道德者，斥父母为自己情欲，于己无恩。此语曾一见之
《随园》文中，仆方僦于不伦。斥袁枚为狂谬。不图竟有用为讲学者，人
头畜鸣，辩不胜辩，置之可也。彼又云武曌为圣王，卓文君为名媛，此亦
拾李卓吾之余唾。卓吾有禽兽行，故发是言。李穆堂又拾其余唾，尊严
嵩为忠臣。试问二李之名，学生能举之否？同为捱灭，何苦增兹口舌！
可悲也！大凡为士林表率，须圆通广大，据中而立，方能率由无
弊。……始可如其愿，今全国父老以子弟托公，愿公留意，以守常为
是。……乃以清风亮节之躬，而使议者纷集，甚为我公惜之。……

我们看，林纾这信中，充分地喊出了封建文学、封建伦理崩溃的哀鸣，是何等的凄
凉而愤激。

蔡元培在复林信中，也有两点是足以代表那时他办北大的方针的：

（一）对于学说，仿世界各大学通例，循"思想自由原则"，取兼容并

包主义。……无论为何种学派，苟言之成理，持之有故，尚不达自然淘汰之命运者，虽彼此相反，而悉听其自由发展。

　　（二）对于教员以学诣为主。在校讲授，以无背景于第一种主张为界限，其在校外之言动，悉听自由，本校从不过问，亦不能代负责任。……

关于第一点，他在《北京大学月刊》发刊词又说：

　　……大学者，"囊括大典，网罗众家"之学府也。《礼记·中庸》曰："万物并育而不相害，道并行而不相悖"，足以形容之。如人身然：官体之有左右也；呼吸之有出入也；骨肉之有刚柔也；若相反而实相成。各国大学，哲学之唯心论与唯物论，文学美术之理想派与写实派，计学之干涉论与放任论，伦理学之动机论与功利论，宇宙论之乐天观与厌世观，常樊然并峙于其中。此"思想自由"之通则，而大学之所以为大也。吾国承数千年学术专制之积习，常好以见闻所及，持一孔之论。闻吾校有近世文学一科，兼治宋元以后之小说曲本，则以为排斥旧文学，而不知周秦两汉文学、六朝文学、唐宋文学，其讲座固在也；闻吾校之伦理学，用欧美学说，则以为废弃国粹，而不知哲学门中于周秦诸子、宋元道学，固亦为专精之研究也；闻吾校延聘讲师，讲佛学相宗，则以为提倡佛教，而不知此不过印度哲学之一支，藉以资心理学、伦理学之印证，而初无与于宗教，并不破"思想自由"之原则也。论者知其一而不知其二，则深以为怪。今有月刊以宣布各方面之意见，则校外读者，当亦能知吾校兼容并收之主义，而不至以一道同气之旧见相绳矣。

　　这样，既鼓动了中国青年探寻新理的兴趣，更使各种各式的思想，一齐涌进大学来。

　　大学领导了新思想而迈进，从此风声所及，全国教育界掀起了层叠的波澜。无论其为对政治上的抗争，或对学校本身的改进，"五卅"、"六三"，此伏彼起的大学潮,数年间蔓延全国。学生的拘囚捕杀,也时有所闻了。

学制方面,因欧战结束而后,各国变迁学制,适应新的动境。而中国留美学生回国,对于以前模仿日本的学制加以批评,引起国内改革学制的动议。1921年(民国十年)全国教育会联合会开七届会议于广州,议决学制系统草案,由各省讨论实施的方法。1922年(民国十一年)新学制系统由教育部公布,对于高等教育段的说明:① 大学设数科或一科均可,单设一科者称某科大学校;② 大学校修业时限四年至六年;③ 旧制高等师范学校应提高程度,改为师范大学;④ 大学校用选科制。1924年(民国十三年)教育部颁布《国立大学条例》,把新学制明文规定。国立大学以教授高深学术,养成硕学宏材,应国家需要为宗旨;定大学校长为选任,设董事会,保存评议会,恢复各科教授会,同时添设教务会议。

这时我国的大学在数量上又有增加。1923年(民国十二年)南京高等师范学校归并为东南大学,内容大加整顿,那时国内新教育运动的领导,它成为重要的主力军。北京的几个专门学校改为大学,如工业大学、法政大学、农业大学和医科大学。北京高等师范学校和北京女子高等师范学校改为北京师范大学和北京女子师范大学。在1921年时,北京清华学校也废止中等科,改办大学。1923年,清华大学正式成立。沈阳高等师范学校于1923年改设东北大学,广州高等师范学校和广东省立法科大学于1924年合并而成广东大学,武昌、成都的高等师范学校,也同时改为武昌大学、成都大学,而云南、浙江、湖北也有省立大学的筹备。

那时军阀的混战,只有变本加厉,国家财赋,大部用于内战和政争,而国立大学经费的艰窘,几乎到断炊的地步。一国的大学,在这种情形之下,苟延残喘,自然是谈不到发展。我们看那时国立北京八校教职员停职宣言上说:

> ……各校的教育经费,比从前愈形困迫。盼政府发款,像大旱时候盼雨一样艰难。添聘教员没有钱,购买书籍没有钱,购买仪器没有钱,购买试验用的化学药品没有钱,乃至购买一切用品都没有钱。学生终日皇皇,觉得学校停闭就在旦夕,不能安心求学。教职员终日皇皇,迫

于饥寒,没有法子维持生计,亦不能安心授课。……

教员们"峻网千重,各有鸿飞之念;天地万里,岂无鹏徙之途。义当决绝,何利盘桓"。于是而全体辞职,青年学子的光阴,便也同作了重大的牺牲。不久,全国学生联合会发出这样的通告:

> ……北庭之有心摧残教育,路人皆知;今影响所及,……势将陷全国于教育破产之境,谁为阶厉,一至于此,举敲骨吸髓之苛税,祸国丧权之借款,悉为少数武夫所瓜分,列强之待遇殖民地,亦不若是之惨酷也!曩者吾侪为国家存亡问题,一再力争,稳健之流,辄谓学生宜以求学为天职,不料踳伏于恶劣政治之下,欲求学而不可得,逼处悬崖绝境,终当破釜沉舟,揽辔澄清,事不容已,下惟弦诵,计犹未迟。国人目击危状,其何以见教乎!

大学教育,在这时所遭的打击,也就不小了。

四

1927 年(民国十六年),国民政府成立于南京,厉行党治。党化教育,风被全国。1928 年,大学院召集全国教育会议,取消党化教育名词,决定为三民主义教育。1929 年国民政府正式公布教育宗旨:"中华民国之教育,根据三民主义,以充实人民生活,扶植社会生存,发展国民生计,延续民族生命为目的;务期民族独立,民权普遍,民生发展,以促进世界大同。"在《实施方针》中对于大学的规定是:"必须注重实用科学,充实科学内容,养成专门知识技能,并切实陶融为国家社会服务之健全品格。"

中央教育行政机关,于 1927 年改为大学院,并拟定《大学区组织条例》,在江苏、河北、浙江三省开始试行。全国分为若干大学区,各设校长一人,综理区内一切学术与教育行政事项。各区设评议会、秘书处及研究院,并设高等教育、普通教育及扩充教育等三处。这样,省教育行政已成为区大学事业的一部,目的在"行政学术化",仿德国制〔1〕以大学区为教育行政的单元,供教育设施有学术的根据。但大学区制施行不久,便引起许多反感。1928年6月,江苏省的中央大学区立中等学校教职员联合会,便呈请国民政府变更不良制度,其理由不外为:① 经费分配不匀,大学成畸形之发展;②政潮起伏,各级学校,均有被牵连之危险;③ 评议会之组织,侧重大学而忽视中学,且受校长之操纵;④ 校长处长对校务政务,不能兼顾,行政效率减低;⑤ 大学学潮,延及中学。8月,中央大学区立中等学校联合会又请求五次中央全体会议改进大学区制。中央执行委员方面,也有人在五中全会提议取消大学院,改设教育部。北平为大学区且又起学潮。原因是:较有历史的北京大学、师范大学不承认并入北平大学。于是:① 联络各法团反对大学区制;② 封锁北平大学办公处;③ 通电全国陈述大学区制的罪状。满城风雨,几乎无日不在波涛起伏之中。1928年10月,国民政府公布《行政院组织法》,教育部列为行政院各部之一,大学院就此取消。1929年7月,教育部正式命令北平、浙江两大学区限于本年暑假,中央大学区限本年底一齐结束。于是北平大学区7月1日停止;浙江大学区7月30日停止;中央大学区于9月初把行政部分移交江苏省政府。德国制度〔2〕的模仿,至此又成泡影了。

北平各大学方面,除去北京大学和师范大学照旧独立外,其他仍并入北平大学。那时,原来的法大、工大、农大、艺专、医大、女大、女师大和俄专八校,虽有所谓"独立运动",但终于没有达到目的,大学区制的风潮,至此告一段落。

1929年7月,国民政府颁布《大学组织法》。大学分为国立、省市立和私立,均隶属教育部。大学得设文、理、法、农、工、商、医、教育等学院,凡具备三个以上学院的,方得称为大学,否则只称独立学院。大学除设校长外,各学院设院长一人,教员分教授、副教授、讲师、助教等四级。兼任教员总数,不得超过全体教员总数三分之一。大学内部设校务会议、院务会议,同时对于大学入学资格,须曾

---

〔1〕 误印为"仿德国制",应为"仿法国制"。——编校者
〔2〕 误印为"德国制度",应为"法国制度"。——编校者

在公立或已立案私立高级中等学校毕业曾经入学考试及格者。大学预科也明令于次年一律不再招生。

国民革命成功以后,为纪念国民党总理孙先生,国内大学一时也多有改名中山大学的。1926年广州的广东大学始改名为中山大学。1927年春,湖北有武昌中山大学的筹备,后改为国立武汉大学。东南大学于1927年也改为第四中山大学,1928年2月〔1〕改名江苏大学,4月,学生为校名发生学潮,终于改名中央大学。因为它的地位在首都,经费又为国立大学之冠,院系亦较完备,虽近年来也时有学潮,但已渐为全国领袖的学府了。其他如河南、浙江、安徽、广西、湖南、兰州各地大学,在1927年都有筹设中山大学的动议。1928年,河南中山大学改为省立河南大学。〔2〕浙江的第三中山大学,改为国立浙江大学。〔3〕安徽、广西、湖南、兰州等处,都先后改以所在省区之名名大学。只有广州保留中山大学的名称。

1930年教育部有改进全国教育方案的编制。经第二次全国教育会议修正通过。关于改进高等教育计划,较为详细,分述要点如下:

充实国立大学内容

1. 营建的补充——除图书馆、实验室、教育馆、礼堂而外,特别着重工学院的工场,医学院的医院,农学院的农场、林场、苗圃、家畜病院,商业院的实习银行、商品陈列所,法学院的实习法庭,教育学院的实验学校,文学院的历史博物馆、人类模型室、民族生活陈列室,理学院的科学馆、观象台、动物园、植物园。

2. 设备的扩充——依照部定标准,逐渐扩充,规定大学经常费中,设备费应占30%到40%。

3. 院系课程的整理——不满三学院的国立大学,限期增设学院。在同一区域内国立大学增设院系,应互避重复。已重复者,应由教育部酌量裁并(详下章)。

---

〔1〕 应为3月。——编校者
〔2〕 河南中山大学于1930年更名为省立河南大学。——编校者
〔3〕 第三中山大学于1928年更名为国立浙江大学。——编校者

4. 教育效能的增进——慎重选聘教授，依《大学教员薪俸表》，提高教员待遇。兼任教员不得超过三分之一。试行导师制度(Tutorial System，详下章)。

5. 经费的确定及分配——规定标准俸给费从 55％ 到 65％，教员薪俸不得少于 45％，职员薪俸不得过 10％，设备费 30％ 到 40％，办公费约占 5％ 到 10％。

1931 年，"九一八"事件爆发，东北四省版图先后变色，中国又遭遇了庚子辛丑以后所未有的严重的国难。大学学生对于帝国主义者侵略和外交屈服的积愤，一时又激成震荡全国的学潮。这在危之欲坠的国运中，大学生的自效于民族自救的运动，也是当然的了。

近年国内各大学的概况，让下列二十年度(1931—1932)统计表来说明：

二十年度(1931—1932)大学概况[1]

校　别		经　费　数		教员数	学生数
		岁　出	岁　入		
国立	中央大学	2166247	2030000	373	2146
	北平大学	1602475	1677343	576	2152
	中山大学	1592059	1775782	185	1379
	武汉大学	1355671	1355863	94	571
	清华大学	1250431	1885470	173	664
	北京师范大学	866892	866892	183	1288
	浙江大学	859095	869090	164	614
	北京大学	760701	261886	236	941
	暨南大学	731438	691086	182	731
	同济大学	625900	635140	109	281

---

〔1〕 编校说明：原表总数数据多处有误，(　)内为校对后数据。

| 校　别 | 经　费　数 | | 教　员　数 | 学　生　数 |
	岁　出	岁　入		
国立 交通大学	482914	539310	110	710
四川大学	456031	455480	178	1436
山东大学	440586	485413	46	260
总数	13190460 (13190440)	13478760 (13528755)	2609	13173
省立 东北大学	1204743	1204743	144	1910
广东大学	696400	421577	10	36
东陆大学	437995	437995	30	96
河南大学	411415	412644	91	484
安徽大学	372000	369960	78	431
山西大学	235994	248294	61	783
湖南大学	215753	215751	81	331
东北交通大学	36600	127980	16	214
吉林大学	—	—	—	167
总数	3613900 (3610900)	3438750 (3438944)	549 (511)	4458 (4452)
私立 燕京大学	1025660	1025660	151	549
岭南大学	744678	872939	94	284
中法大学	844626	844626	83	202

续 表

校 别		经 费 数		教员数	学生数
		岁 出	岁 入		
	金陵大学	689333	689254	129	337
	辅仁大学	439842	495923	69	548
	武昌中华大学	426276	426276	68	458
	齐鲁大学	401510	401511	87	325
	震旦大学	323820	323810	67	199
	南开大学	318476	355366	42	455
	沪江大学	318065	318065	53	545
	光华大学	279064	278446	64	654
私	广东国民大学	263197	41639	79	739
	广州大学	245001	258004	56	458
立	厦门大学	229988	252520	62	435
	东吴大学	211641	192726	134	401
	复旦大学	196478	196476	100	1215
	武昌华中大学	194021	201403	23	74
	大夏大学	176051	176051	104	1160
	大同大学	155140	155940	44	227
	总数	7683667 (7482867)	7706535 (7506635)	1500 (1509)	9465 (9265)
总 计		24488027 (24284207)	24624045 (24474334)	4667 (4629)	27096 (26890)

二十年度(1931—1932)独立学院概况[1]

校 别	经 费 数		教员数	学生数
	岁 出	岁 入		
国立 上海医学院	176391	162522	36	92
北洋工学院	174961	188929	28	305
上海商学院	112885	996374	27	176
中法国立工学院	62659	62657	22	28
广东法科学院	—	—	21	358
总数	237620 (526896)	251586 (1410482)	71 (134)	691 (959)
省立 江苏教育学院	175992	175992	32	257
河北工业学院	148656	148656	29	96
河北女子师范学院	132000	132000	39	225
河北法商学院	115135	122272	29	191
河北医学院	108000	108000	16	102
山西教育学院	105900	105900	42	170
山西法学院	95000	82581	36	305
甘肃学院	90236	90236	43	79
河北农学院	76796	76796	18	28
湖北教育学院	37952	105840	10	130
新疆俄文法政学院			13	81
总数	1085667	1148273	307	1664

[1] 编校说明:原表总数数据多处有误,( )内为校对后数据。

校　别	经　费　数		教员数	学生数
	岁　出	岁　入		
协和医学院	3552218	3552217	123	101
福建协和学院	360587	376668	42	174
之江文理学院	270946	270946	23	221
湘雅医学院	192153	192250	21	36
中国学院	186859	175742	136	1725
夏葛医学院	162050	162050	36	49
焦作工学院	142808	159514	27	65
朝阳学院	137701	143924	82	1709
中国公学院	128206	116250	61	1037
福建学院	118552	95352	33	137
南通学院	109476	107788	45	336
民国学院	104996	103568	117	1490
上海法学院	101615	102290	142	819
持志学院	78901	78901	58	690
华北学院	71904	72159	65	530
金陵女子文理学院	58095	58095	44	192
上海法政学院	52960	54534	57	561
正风文学院	41168	51696	23	79
总数	5871195	5873944	1135	9951
总　计	7194480 (7483758)	7273803 (8432699)	1513 (1576)	12306 (12574)

（左侧纵排标注：私　立）

第三章
大学教育的问题

在综述现代大学的理想和组织以及中国大学的发展以后,依理我们应该指出现时本国大学教育上的主要问题,而一一求得它们的解答。但无论"兹事体大",已经不是编者的才力所能胜。而且,历次教育会议的议案、专家调查的报告、私人发表的文字,对于各个问题的讨论,也不能不算十分详尽。这章的任务,所以止于提示问题、整理意见,编者没有加入多少自己的主张。

我们还是依照第一章里所列关于大学组织上的问题,以次分节地来叙述,就是:(一) 大学的设立和管理;(二) 院系的编制;(三) 教授;(四) 学生。

一

1. 大学设立的现况

据 1931 年国联教育考察团的报告: 截至 1931 年 9 月止,中国现有大学(包括独立学院)总数 59 校,大学生 33847 人。其中国立 15 校,学生 11572 人;省立 17 校,学生 5910 人;私立 27 校,学生 16365 人。公立与私立大学之学生数几相等,34％属于国立大学,17％属于省立大学,48％属于私立大学。[1] "其规模之大小,甚相悬殊。若将私立大学暂置不论,仅论国立大学及省立大学,相差亦甚。有 6 大

---

〔1〕 国际联盟教育考察团:《报告书》,选自国立编译馆译:《中国教育之改进》。

学,学生人数皆在 1000 以上,教职员 184 人至 658 人。又有 9 大学,学生人数尚不足 250 人,教职员 15 人至 108 人。至若学科范围之差别,亦甚明显。中国大学,大都根据数种学科,分为文学、理学、法学或农学等'学院'〔欧西与此名词最相近之字为 school, 如 史 学 院(School of History), 商 学 院(School of Business Administration),政治学院(Ecole des Sciences Politiques)——原注〕。而学院又随组织及教学之目的,分为若干学系。……虽有数大学具有五学院、六学院或七学院,但亦有若干大学,为求政府之认可,仅具有必需之三学院,亦有不足三学院者。"[1](这里数字,和前章依据教育部最近统计的不同——编者)

2. 经费的标准

读者看了前章,不难想象经费的缺乏和短欠。这二十年来,在大学的发展上,是如何严重的问题。最近大学经费的来源和分配,约如下表:[2]

总 额	国立大学 12390327	省立大学 4029942	立案私立大学 7439097
国库支给	11519059		
百分数	59.900%		
省库支给		3999000	
百分数		91.700%	
学费收入	24370	287191	1831808
百分数	3.400%	7.700%	58.000%
土地收入			4321178
百分数			24.600%
其他收入	446905	43507	
百分数	3.600%	2.000%	17.200%

〔1〕 国际联盟教育考察团:《报告书》,选自国立编译馆译:《中国教育之改进》。以下凡引国联教育考察团不另注。
〔2〕 该团说,根据教育部供给的统计编制。数字和最近统计已不同。

中央所负担之大学经费总额 11519059 元,仅稍多于美国私立大学如哈佛、哥伦比亚等一校的经费数 10000000 元。(见第一章)英国大学各有基金,而国库补助金每年也达 1800000 镑。这已无从比拟,若再加短发和积欠,则大学经济的竭蹶,乃是必然的了。

照教育部颁布的《大学规程》,大学各学院或独立学院的各科,本有最低限度的经费标准的规定,如下表:

院别或科别	开 办 费	每年经常费
文	100000	80000
理	200000	150000
法	100000	80000
教育	100000	80000
农	150000	150000
工	300000	200000
商	100000	80000
医	200000	150000

事实上,除经费充裕的大学以外,能够的确适合这标准的,我们还不知道有几校。

3. 地理的分布

我们在前章曾提到民国初期北京政府有划分北京、南京、武汉、广州四区大学的拟议。最近对于大学的地理的分布,提出很严厉的批评的,是国联教育考察团的报告。他们说:

中国大学在地理上的分布,杂乱无章。在同一区域内常有多数大学,其所进行之工作,几全相同。……国立 15 校,有 11 校设于三个城市之中。省立 17 校,有 9 校设于另外三个城市之中。又有三个城市,除国立大学,复有 27 个立案私立大学中之 19 校,在北平附近,亦有国立 4 校,立案之私立 8 校。上海有国立 4 校,立案之私立 9 校。天津有国立 1 校,省立 4 校,立案之私立 1 校。1930 年中国大学生 33847 人中,有 20463 人(即 60%)分布于两个城市中,即北平与上海。六个城市共有大学生 27506 人,盖已占总数五分之四以上矣。各地大学工作之重复,初视之诚不如上述数字之甚。例如上述之某数校,不过为专科学院,如法律、工程、医学或师范。再者,各大学亦各有其值得保存之特殊风尚。但吾人于此虽有相当之谅解,然大学教育,集中于少数区域之现象,仍属可惊。中国而外,世界各国,同一城市而设立两个以上之大学者甚少,唯有时大学可具有数个构成之学院而已。

近年政府对于这问题,时常予以注视。唯因既定事实难于更改,故只于院系的限制中,积极地谋所谓"合理化"。

4. 院科之偏畸

在大学各院和独立学院各科的设立中,又有文法科的偏畸发展与理工科的比较萎缩的现象。这也已成为近日大学教育上反复讨论的问题。我们引教育部长的《说明》为例:

> 我国现在大学教育,务须能在学术文化上领导民族活动以求复兴。故其制度必须适合此种需要。……文、法科教育,在民族复兴运动上原有其重要地位,不容否认。但不能与理、农、工、医诸科作调节的发展,实为憾事。据本部统计十九年度文、法科学生为数达 17000 人,而农、工、医、理诸科学生合并计算,仅为 8000 余人,不及文、法科学生二分之一。此种现象,不能不视为畸形发展,任其无

以纠正。故中央最近明令提倡农、工、医诸实科教育,本部切实奉行;使现有文、法诸科教育不事扩张,而于现有农、工、医诸实科则力求充实。[1]

关于这问题,尤其引起广大的注意的,是中央委员陈果夫氏的《改革教育初步方案》中的几项提议:

(1) 中央应即依照十年内建设计划,规定造就农、工、医各种专门人才之数目,分别指定各专门以上学校,切实训练,以便实用。

(2) 全国各大学及专门学院,自本年(按:指民国二十一年)度起,一律停止招收文、法、艺术等科学生,暂以十年为限。

(3) 全国各大学中,如设有农、工、医等科,即将其文、法各科之经费,移作扩充农、工、医科之用;其无农、工、医科者,则斟酌地方需要,分别改设农、工、医等科,就原有经费,尽量划拨应用。

这办法,虽然没有完全实行,而年来教育部的取缔私立文法学院,废止或归并同一区域内超过需要而骈设之院系("文法教育诸社会科学,其为超过社会需要或社会需要未臻迫切者,不应任其于同区之内随意骈设"云),实在都指着这个方向。

二

5. 院系和课程的编制

欧陆大学的分科(fakutät),英国大学的所谓院(college)和科(faculty),以及美国一般大学的院(Liberal Arts College 自由学院,即基本的文化学院;Professional Schools 专业各科学院;Graduate School 研究学院)和系(departments),我们在第

---

[1] 引自《九个月来教育部整理全国教育之说明》(部长朱家骅)。以下凡引此,不另注。

一章里说得已很详细。我国《大学组织法》："大学分文、理、法、教育、农、工、商、医各学院"；"大学各学院得分若干系"，看起来和美国大学相似，而实际上完全不同。列举的说：① 美国大学的各院，程度并非同等，而我们《大学组织法》明白规定"大学修业年限，医学院五年，余均四年"。② 美国文理学院的前二年，本当作中学的补充训练，近年并且划分为"初级学院"，类似我国旧制的"预科"。而我们《大学规程》明白规定"大学各学院学生(医学院除外)，从第二年起，应认定某学系为主系，并选定他学系为辅系"，显然只有一年的基本课程。③ 美国四年制文理学院(或他院)之上有研究学院，而我们没有。像我们这样的四年制的学院，下面预科早已取消，无从充实基本的训练；上面研究院没有成立，也无法进修专精的学问：要它执行《大学组织法》第一条所赋予的"研究高深学术、养成专门人才"的使命，本来已不很可能。然而各院遵照《规程》，以为从第二年起到第四年止，这三年的课程是属于它的专业的范围了。各院教授们中间，除留德的不想把学生造就成博士(因为我们大学四年毕业只授学生学位)以外，留法的会想这三年程度，应相当于Licencié；留英的会想它应相当于 Honors Course 的 B. A. ；留美的会想它应相当于初级学院以上三年的 M. A. (这最不应该，因为这暴露了他对于大学制度的蒙昧)！这样，各院的学系增繁，课目也自然复沓了。在系主任和教授们，方自信其分科治学，业有专精。而一到政府要整理院系课程的时候，反责其"贪多务高"、"巧立名目"。上下交困，各执一词。国联的专家，又辄指我们为"肤浅之美国化"。坦白地说，我们如果真的美国化，只消政府一方面赶速筹办各大学的研究院，一方面修改《大学规程》中的前引一条为"大学各学院学生，从第三年起，应认定其学系为主系……"而把各院前二年课程，确定为共同的基本训练：倒也什么问题都迎刃而解了。这是编者回顾第一章的前文所应有的一点事实的陈述。

以下续引教育部长对于整理课程的《说明》：

> 目前大学，对于课程，巧立名目，未重实际，不嫌琐碎重复，而轻视基本教学……大学为研究学术之所，其所研究之学科，必须由基本而专门，作有系统之研究。倘轻重倒置，先后失序，轻于基本而重于专门，先

于专门而后于基本，则学生先已乱其门径，研究学术，安得有济？专门学术之研究，就体系言，原无止境，决非大学四年之教育所能为功。必待学生于毕业后继续不断作专深之研究，方为有济。今日大学设置课程，序次、轻重、先后之际，必须尊重学术体系，使学生习于自力研究。专深之图，可任学生于毕业后之继续有成，不必虑其专深之不能穷，而纷设各种专门问题之课程，贪多务高，反掩基本课程之重。此外，设置课程尚有须注意之客观条件，即设备是也。课程非可轻设，课程愈专门，设备愈繁重，苟未有充分之设备而纷设专门课程，则此专门课程皆为滥设。现在各大学之设置专门课程，往往避重就轻，择取设备可以较简之各种专门问题课程，肆为设置，如文法课程之纷设是也。因有此种特殊情形，故本部对于大学各院系之课程，拟设立标准，加以限制。……而一大学中所有各学院之专门课程，亦应通盘筹划，统一设置，使无重复，俾能互为选修必修，以节经费而资合理。

6. 学分和考试的规定

于此，我们要说到课程上的所谓学分制。而从学分制，我们便又说到成绩考查和毕业考试的问题。

所谓学分，是选课计算的单位，也是成绩计算的单位。在前一意义上，要行比较复杂的选课制度，不能没有这便利的计算单位，实在没有什么弊害可言。——因为以学分计算，比以课目钟点计算，较为便利而正确。如有弊害，那弊害是在于选课制度的本身，和学分的名称是无关的。但在后一意义上，因有修满若干学分为毕业的办法，而毕业由于学分的累计，不是由于各学年全部课程的总考查，这却成问题了。现在指摘学分制的人，应该专指这后一意义。我们听国联教育考察团怎样说罢：

学分制之办法，颇为复杂，其详细内容，各大学彼此不同。但其要点，不外学生若欲毕业，必须获得学分总数之相当百分数，当其在大学过程中，即在记录分数或积累学分。是以此种学分制，与欧洲多数大学之办法，显然不同。盖欧洲大学系于大学过程终了时（亦有在过程中间举行一次以为补助者）举行考试，及格方能毕业。反之，中国大学生之毕业，实可谓由零碎积累而成，只须在四年之中，听过必需之讲授，于四次年终考试，获得必需之分数，即可毕业。是以欧洲大学之办法，系用以测验学生在校全部工作之结果，而中国之办法，则系保证其大学过程之各部分，确已达到某一标准。故学生在其过程某部分中，若已达到相当标准，即可将该学科束之高阁，对于最后结果，毫无影响之可言。盖彼已积得必要之学分，对于毕业已有相当把握。……此种办法，不啻使学生误认其大学过程，并非完全之整体，不过若干连续排列必须逐一跳过之木栏或障碍物，一经跳过，即可置诸脑后也。

这里所说，不完全是指的毕业总考试问题吗？

诚然，毕业前的总考试，是欧洲大学的通例。但就在美国大学中也不是没有的（见第一章斯沃斯莫尔学院的例）。而在英国，则如牛津、剑桥的各院导师，并不亲与于典试，考试由大学举行，教授以外，可请校外学者命题阅卷。我们如为"厉行"考试计，则大学毕业，由政府指定典试人员，或由各大学分区联合组织考试委员会办理，都没有什么不可以。而且，中小学毕业，都还有郑重的会考，逻辑地推论，大学毕业会考，也没有什么说不通。不过高深学术，分科很繁。而且，有许多学科，重在平时的观察、试验、实习，也无法单用文字考试来测验其成绩。从来论文字考试的话：从唐赵匡议举选所谓"修习之时，但务钞略；比及受试，偶中是期"〔1〕，直到清末张之洞等所谓"科举文字，每多剽窃；学堂功课，务在实修"〔2〕等等，我们不该便忘却的。

附带的，我们也可以一提学位授予问题。毕业考试如由政府举行，学位也自然可以由国家授予。在十七年（1928）第一次全国教育会议，已提到国家授予学

〔1〕（唐）赵匡：《举选议》，见《全唐文》。——编校者
〔2〕 张百熙、荣庆、张之洞：《奏请递减科举注重学堂折》，1904年1月13日。——编校者

位的话。十九年（1930）第二次全国教育会议，并且通过一个《学位授予法草案》，规定："学位分学士、博士两级，学士学位由大学授予，博士学位由国家授予。"现在博士学位考试还没有举行，这些话也不发生事实的影响。我们这里所要指明的是，以各国先例言，虽然法国有国家学位的名词，实则也不过由大学以国家的名义来授予。大学从中古起，就是有授予学位之权的。德、法大学都是国立，教授由政府任命。而像法国那样的大学校长，俨然是政府所派的分区"督学使者"，其由大学以国家名义授予学位，自然没有问题。英、美大学，以元首或政府的特许状（chartor）而设立。授予学位之权，就是独许事项之一了。

另外附带的，还可以一提政府任用考试和大学学业考试的关系问题。政府为文官的甄拔，技术、职业人员的检定，举行任用或检定考试，各国都有类似的办法。但这考试，不是替代大学学业考试的。这种考试的门类项目，依任用的需要来决定，并没有依学术的体系来分科。可是近年在改革教育的讨论中，常有人主张以自修与考试制度来替代学校教育的一部或全部的。随便举例说：如舒新城要于学校以外，广设图书、科学、体育"三馆"辅助自修，"厉行考试制，不论校内校外生，凡欲得某种文凭者，一律须受试验。国家用人，即以考试结果为取舍标准"。柳诒徵要停办学校，以其经费设立科学、图书、美术等馆，政府检定师资后，即任其自由授徒，学者也自由择师请业。束脩由学生直接纳之于师，科学实验费，也直接纳之于馆员。修业终了，得应考试院的考试，谓之"自由教学法"。[1]这是教育界一部分人的理想。至于政府主持考试行政的当局方面，倒没有说过以考试（和自修）来替代学校的话，而只说到以学校的考试置于国家考试行政职权之下的一点。报载考试院院长这样说：

　　总理所主张的考试制度，其一部分是采取中国固有的方法。但中国固有的考试制度，由来已久。远的我们没有看到，以最近有清一代的考试制度看，在清末年，何以考试制度搅得如此坏呢？这不在考试制度的本身，而在

---

[1]　舒新城：《中国教育建设方针》。柳诒徵：《论改革教育方案》，见《时代公论》第13号。

训练的不当,考试内容的腐败。我们看到清朝的考试制度,与学校打成一片,是很显然的。如所谓"诸生"的考试,录取者曰"入学",其义甚明。各府州县的"教官",便是教师:这完全说明白是入学的考试。……

总理尝说:"教养有道,则无枉生之才;鼓励有方,则无抑郁之士;任使得法,则无幸进之途。"……我们再看到德国之教育制度,自中学至大学,其平时学生之进级毕业考试,乃至学位考试都在国家管理之下,亦自有其原因之所在。所以我们要实行总理这三句话,必先统一考试行政的职权,把学校的考试制度,置在考试行政职权之下,加以整理,与国家的考试制度打成一片。[1]

三

7. 教师的聘任和待遇

大学要能完成它的研究和教学的任务,第一条件,先要有能够指导研究和优长教学的教师。十九年(1930)全国教育会议通过的改进《高等教育计划》中"增进教学效能的办法"六条,有四条是关于教师的。我们一并录下:[2]

甲、国立各大学在教育部未实行审查大学教员资格以前,应依照《大学教员资格条例》,慎重选聘教授、讲师。本国无相当人才担任的,最要课目,应以重资延聘国外著名学者承充。

乙、国立大学应依《大学教员薪俸表》,提高教员待遇。

丙、国立大学应竭力裁减职员,增加教员。教员以专任为原则,兼任教员不得超过总数三分之一。

丁、国立大学教授、讲师,除教室授课外,应规定时间,在校内接见学生,负个别指导的责任。师生宿舍都具备者,应提倡试行导师制度

---

[1] 见二十二年(1933)十月十七日《中央日报》,载考试院院长在中央纪念周的报告。
[2] 见《改进全国教育方案》(教育部印)。又参考《现行重要教育法令汇编》(教育部印)。

(Tutorial System)。

戊、国立大学学生贵精不贵多。从入学到毕业，应注重严格考试。

己、国立大学应先后筹备研究院或研究所（设研究讲座三个以上时，称研究所；设研究所两个以上时，称研究院）。在设备完成后，考选本校及其他大学毕业生作研究生，造就委身学术、埋头研究的学者，以完成最高学府的任务。

上文所谓《大学教员资格条例》和《大学教员薪俸表》是指十八年（1929）教育部令发的一个文件，我们也必须节录：

大学教员名称，分四等：（一）教授；（二）副教授；（三）讲师；（四）助教。

大学教员资格：

助教　国内外大学毕业，得有学士学位，而有相当成绩者；于国学有研究者。

讲师　国内外大学毕业，得有硕士学位，而有相当成绩者；助教完满一年以上之教务而有特别成绩者；于国学有贡献者。

副教授　外国大学研究院研究若干年，得有博士学位，而有相当成绩者；讲师完满一年以上之教务而有特别成绩者；于国学有特殊之贡献者。

教授　副教授完满二年以上之教务而有特别成绩者。

大学教员薪俸

类　别	月俸（元为单位）
教　授	400—600
副教授	260—400
讲　师	160—260
助　教	100—160

从上述各种规定看来,中国大学,至少是国立大学,教员的资格已经是相当的严。他们的待遇,更是十分的厚了。

从讲师升到教授,虽然没有德国 Privat Dozent[1]那样刻苦的磨炼,但也要完满三年以上的教务,而且要有特别成绩的证明。事实上,这《条例》初颁的时候,好几个国立大学,把原有的教授一律改为副教授,以至于"教授"绝迹,一时有"副大学"之讥。近年这《条例》的执行,各大学很有出入。有的国立大学,前此的副教授,又已恢复教授的名称。但也有例外的国立大学,副教授早已孜孜完满到四年以上的教务,徒以兢兢不敢自诩其特别成绩的证明,还是屈居于副教授,而全校教授只有二三人的。所以大学教员的资格,已不可谓不严了。可是有一点是不可忽略的,就是资格的审查和选任的方法。照《条例》所规定:"大学之评议会,为审查教员资格之机关,审查时由中央教育行政机关派代表一人列席。"这也就略有德、法大学选任教授的模样。可惜,据我们所知道的,这点从来没有切实执行。而且国立、私立大学,为了提到审查原有教员的资格而引起许多纠纷的,也不乏其例。至于聘任的方法,《大学规程》说:"由院长商请校长聘任之",这是和德、法的制度不同的了。

说到待遇,即以前表中副教授最高薪计,已有年俸4800元;近年国立大学的研究教授,还有年俸6000元的,又有公家供给他研究所需的图书仪器的设备,所享已觉太奢——特别是想到中国现时社会经济的危殆! 教授的"委身学术、埋头研究",为的不是物质的享用。如单为物质的享用,先就不该溷到大学里去。所谓"平凡的生活,不平凡的思想"(plain living and high thinking),是大学中人应有的风尚。而且教授的薪金,不应和官吏的俸禄、商人的利润来比较,而要和共其甘苦的各级学校教师的薪金相比较。"乡村初级小学教师,就一般而论,每月仅得10元至15元,薪水较高者,实为非常之例外。城市初级小学教师,通常每月可得20元至30元,罕有超过此数者。反之中学低年级教师,每月通常可得80元至120元,而高年级教师则可得150元至200元。至于大学教授,每月通常得

---

[1] 德国大学中不向政府领薪,而从学生的听讲费中取得报酬的大学讲师或编外教授。——编校者

300 元至 400 元。……欧洲小学校教师与大学教授薪水之差,未有超过 1：3 或 1：4 之比者,而在中国则为 1：20 之比,或且超过此数!"[1]这样说,大学教员的待遇,已不可谓不厚了。可是也有一点是不可忽略的。就是,不像别国的大学教员,他的薪俸和任期,向来没有多少的保障。但这也是各级学校教师所同苦的。

因为薪俸、任期的不稳定的情形,历来大学里就发生一个最恶劣的兼职兼课的弊制。照国联教育考察团的调查:"大学教师 5895 人中,不但有 608 人(约 10％)于教书外,兼任行政职务;且有 2066 人(约 35％),在校外兼任相当职务,通常系在其他大学任教。其用全部时间在本校服务者,不过 3225 人(55％)而已。……吾人所知大学教授有任教四个大学之多者,实际授课,每周在 35 小时以上! 在此种情形下聘用之教师,自无余暇增进其学识,或使学术上之研究,与时而俱进,或与其所教之学生,常相接触也。"他们说,这是大学教授之"商业化!"教育部曾于十八年(1929)下令说:"大学教授,应以专任为原则。现时各校教授,每因兼课太多,请假缺课,甚至以一人兼两校或同校两院以上之教授。平时授课已虞不及,更何有研究之可言? 其影响教学效能,妨碍学校进步,盖无有甚于此者! 亟应严加整顿以绝弊端。自十八年度上学期起,凡国立大学教授,不得兼任他校或同校其他学院功课。"这都很合理,可是接着却说:"倘有特别情形,不能不兼任时,每周以至多六小时为限。"严加整顿,而又优予宽容,竟许其兼课达平均教学时数的二分之一! 那还"何有研究之可言"呢? 教授以研究教学为专业,他的专业和任何专业一样,是对于社会的一种劳力的供献,本来没有什么"尊严"。如若自己竟偏要冒为尊严,那么,在这世界上,我们没有听到以学术的权威,还要受官府的整顿! 所以中国大学的教授们,在这时如果自己无力改善薪俸任期的不稳定的情形,也就只有甘受一点苦痛,藐视一切兼职兼课的外缘,认清了自己对于教育和学术的使命,而不懈地执行着这使命。

---

[1] 也是国联教育考察团的估计。

8. 研究和教学的进行

二十年前,大学的教师,除少数旧学的所谓"名宿"而外,多是国外留学回来的青年。正如有人嘲笑的,"甫释上庠羽吁,即拥太学皋比",而又没有各种科学上前辈名师的裁制,大学自身也没有研究上必需的图书、仪器的设备。那时研究的空气,自然是稀薄了。最早的研究机关,是民国五年(1916)北平设立的地质调查所,其次是十一年(1922)南京的中国科学社生物研究所。这些虽是独立机关,但研究的专家和工作,都与大学有密切的关系。到现在,情形已很不同。大学教授的研究工作,不能不说是有很快的进步。我们不应当单看了前面兼职兼课的种种黑暗的方面的描画,而就完全掩蔽了许多大学研究室、实验室里所燃烧着的光焰。除去中央研究院、北平研究院是在大学以外的不计,大学设立研究所、研究院的,如北京大学、清华大学、交通大学、中山大学等,都已经有了规模。多数国立大学,都有中华教育文化基金所设的研究讲座。公私立各大学关于自然科学的研究,也都多少得到洛氏基金的补助。尽管各校教授研究的机会不同,设备更是不一律,但有志于学术研究的人,该不会再委过于机会和设备的不敷,而就"妄自菲薄"了吧。

比起有特殊资助和奖励的研究工作来,大学的一般教学状况,倒是很落后的。因为除了有实验或实习的功课以外,大学的教学,始终停滞于"讲演式"的一个阶段。是的,大学教授,厌闻"教学法"的名词。可是教学终是不应当看轻的。我们在第一章引过弗莱克斯纳的话:"常人的观念,一定以为德国的教授是看轻教学的了。其实不是的。不过在教学上,他不以哺喂婴儿般的方法抑制学生的自动研究——他的学生不需乎此,他自己是不屑于此的。"那么,他用的是什么方法呢? 国联专家给我们这样介绍:

> 在欧洲多数大学中,教育上之活动最大者为研究班:教师与少数学生,采取一种非正式之亲切集会,自由交换意见,提出种种困难问题,加以讨论,学生能亲见师傅之工作。中国许多公立大学,其任教人员,已足以将此办法,较现在所有者更为普遍之推行。然如上述情

形,仍属例外。尚有若干教授,唯事登台讲授,学生唯事专心听讲,即认为已各尽其能事者。其原因并不在较良方法之不能实行,实由于大学职能之误认,不知采行较良方法之重要也。须知大学之职能,并不在准备较易消化之知识以供给于学生,而在培养学生研究、批评及反省之精神,示以获得知识之方法,并从事小规模之训练,使学生自行获得知识。忽视此等要点之教育,虽可实施于大学中,但实际并非大学教育也。

随着研究方法和教学方法的更加联络,这种情形是必然的会改善的。我们用不着悲观。

四

9. 学生的选择

要能够采行前述教学的方法,先要能够选择训练合格的学生。因此,最后我们还要引国联教育考察团关于大学生的一段话:

中国大学教育之当前第一难关,亦殊简单,即入学之大学生,多数缺乏适当之准备……由此所生之结果,极其严重。大学之程度及大学教育应具之整个观念,于以降低。为求学生数量之增加,遂不惜牺牲其品质……而此辈学生,在知识上既无猛进之准备,又无维持此种知识标准之能力。入学过易,就学生本身论,实为有害而无益。盖由此所引起之希望,后来常不能满足,每每宜于从事实际事业之青年,亦被诱而入于学术研究之途也。此种情形,对于国家公共福利之影响,其不幸亦复相同。夫一国之需要,并不在国内最多数青年能入大学,而在各种职业之人才,能有适当之分配……中国大学中,自亦不乏备有适宜之资格,善于领受大学教育之优秀学生。然就现状而论,实有过多之青年,误认

列名于学生之林,即不啻有无上之荣耀。在过去之中国,学者有传统之
优越地位,属于有闲阶级,得免劳力之操作,而在官吏任用,亦有特殊之
机会。不意此种观念,仍盘旋于今日学生之脑际。……青年一入大学,
即成特殊阶级之一员;对于本国大众生活,茫然不知;对于大众生活之
改进,毫无贡献。

这是对于我们的大学生的最严峻的批判了。

现在,大学学生的应该严格选择,已为大家所公认,我们也无须费词。我们
以历年大学入学考试的经验,看到青年报名的拥挤,看到他们成绩的相差,看到
他们远道奔走,同时投考数校的困苦,常不禁恻然地、被引起极深切的同情。可
是大学对于每一个投考学生的去取,虽经过很慎重的衡量,而到底不能不以全力
来维持严格的标准。这在大学是为完成它的最高任务所必需,并不是漠然坐视
青年的失学。倘使竟有一部分的青年失学,那也应同时归咎于中学训练的没有
充分,大学以外各种专科学校的没有多多设立,而不是大学入学考试独任其
咎的。

10. 学风的转移

结合教授学生,同营研究教学的活动,而集中一切所需的图书、仪器的便
利的一个大学:它是一个社会,而有它的特殊的风尚的。在讨论"学分和考试
的规定"(见前)问题时,我们曾引到近年改革教育制度的议论中,有人要以自
修与考试制度来替代学校的话。编者在那里没加一点批评。现在可以指陈
的,是这种主张固然忽略了现实社会的组织问题,而尤其要紧的是完全漠视了
学校的群体生活为教育的基本元素。编者在第一章的开头,就特意引到纽曼
的话:

假使给我两个大学,一个没有住院生活和导师制度而只凭考试
授予学位的,一个是没有教授和考试而只聚集着几辈少年,过三四个
年头的学院生活的。假使要我选择其一,我毫不犹豫地选择后者。

这位古老的大僧正的话，并不是完全没有理由的。读者请勿以纽曼本是牛津的家儿，所以宝其"家珍"——学院生活——如此。就是欧洲的大学，虽没有所谓大学生活，而教授于公开演讲以外，在研究班上，其和学生的亲切自由的关系，上引国联专家也再三说了。

三十六年前，美国一位生物学教授奥斯本（Osborn）[1]对他的学生说：大学的环境里，有它的特殊空气。学生到这里来，要"广"（breadth），要"高"（height），要"动"（energy），要"静"（repose）。[2]一个青年初进了大学的门墙，接近名师的謦欬，正好比初入大都，窥见了"宗庙之美、百官之富"，他对于各种刺激的袭来，感觉到"应接不暇"。一二年后，自己的学识，是稍"广"了。可是他看到老师都是白首穷年，孜孜于学问的一极小部门的研究，而后有一点创造和发明。他又感动了，他也要认定自己的专业：由博而约，由广而"高"。无奈学问这件事，是"仰之弥高，钻之弥坚"[3]的。他只有发动自己所有的力量，耐苦耐劳，去跟着达尔文（Darwin）[4]、丹纳（Dana）[5]作航海的远征；跟着奥斯本、安德鲁斯（Andrews）[6]到大戈壁去探险——都是生物学者的例——希望万一或有所创获。这是所谓"动"。然而没有沉思静默，连天才也不会有发明。达尔文在他的航行中，不幸得到了一种痿弱病，给他以后四十年的苦痛，但也就赐予他四十年默默的光阴，使他以进化论成功近代人类思想界一大革命。学生能做到"静"的功夫，学问乃有深造的可能了。

读者看到这里，会说：这些全是理想的空谈，而没有得到学风问题的真际。现在的大学，紊乱到这样："师生视如路人，学校等于传舍"[7]，一旦风潮

---

[1] 奥斯本（Henry Fairfield Osborn, 1857—1935），美国古生物学家。——编校者
[2] 见 Osborn, *Creative Education*, Scribners, 1927。
[3] 《论语·子罕》。——编校者
[4] 达尔文（Charles Robert Darwin, 1809—1882），英国博物学家，进化论的奠基人。——编校者
[5] 疑为丹纳（James Dwight Dana, 1813—1895），美国地质学家、矿物学家和博物学家，创立丹纳晶面符号法。——编校者
[6] 疑为安德鲁斯（Thomas Andrena, 1813—1885），英国化学家，发现临界状态，提出"临界温度"和"临界压力"的概念。——编校者
[7] "师生视如路人"，语出"师生相视，漠然如路人"（见《朱子大全·福州州学经史阁记》）。——编校者

爆发，则"扑作教刑，古以施之于弟子者，今以施之于先生"〔1〕，还说什么广不广、高不高呢？

编者答：对了，这正是问题的真际。一般人口头上的整顿学风，其实指的是取缔学潮。学潮和学风，虽只一字之差，却有千里之别。前者是学生活动之变，后者是学校生活之常。你不造成常态的学校生活，怎样倒头痛医头，脚痛医脚去跟着变态应付呢？而且，取缔、整顿，都靠权力，其结果也只是消极的。在教育者的用心，自己的"人格"学问以外，没有旁的权力可用。所以他只能在教育自身的活动中，作积极的指导。古代诗人的歌唱是："载色载笑，匪怒伊教。"〔2〕孔子的三千弟子中，据说有做过大盗的颜浊聚，做过驵侩的子张等不良分子，但他也只不过"循循然善诱人"〔3〕，似乎不很说到整顿的。我们做教师的，实在也只能说到"学风的转移"，而不能说它的整顿。

现在，就以学潮来说罢。照第二章所述，学潮的最大的，都起于政治的问题，"五四"、"五卅"是历史的例。其他如起于抗争经费，拥护和反对校长等的，也都应该被理解为社会经济和政治问题的反映，有许多是教育自身的活动中所无法解决的。去年平津国立院校教职员联合会发表一个解决学潮的方案，提出六项办法如下：

（一）政府用人应由考试；

（二）宽筹经费充实学校内容；

（三）慎选校长；

（四）保持师道尊严；

（五）实行校章整饬风纪；

（六）禁止学生政治活动。

---

〔1〕 "扑作教刑"，语出《尚书正义·虞书·舜典》。孔颖达疏："扑榎，楚也，不勤道业则挞之。"楚：古代的刑杖或督责生徒的小杖。《礼记·学记》："入学鼓箧，孙其业也。夏楚二物，收其威也。"陈澔《礼记集说》："夏，榎也；楚，荆也。榎形圆，楚形方。以二物为扑，以警其怠忽者，使之收敛威仪也。"——编校者
〔2〕 《诗·鲁颂·泮水》。——编校者
〔3〕 《论语·子罕》。——编校者

其中除第四项以外,哪一项是我们教职员所能为力的呢? 臧晖先生因此作了一篇评论,关于最后一项,他的话似乎没有说错。他说:

> 凡能掀动全国的学潮,都起于外交或政治问题。这是古今中外共同的现象。凡一国的政治没有上轨道,没有和平改换政权的制度,又没有合法的代表民意机关;那么,鼓动政治改革的责任,总落在青年知识分子的肩膀上。汉、宋太学生的危言说议,明末的东林、复社,清末的公车上书和革命运动,都是最明显的例。外国也是如此的:中古欧洲的学生活动,1848 年的全欧革命潮,土耳其、俄罗斯、波兰,以至印度、朝鲜,哪一次不是上述公式的例子? 所以有人责备某党某派利用学生作政治活动,那还是皮相的观察。即使无人利用,青年学生的政治活动,也是免不了的。因为青年人容易受刺激,又没有家眷儿女的顾虑,敢于跟着个人的信仰去冒险奋斗,所以他们的政治活动,往往是由于很纯洁的冲动。这冲动既是很自然的、救济的方法,决不能依靠平津教职员提议的禁止学生作政治活动的方案。禁止是无用的? ……还是由政府禁止呢? 还是由学校禁止呢? 在我们看来,这两方面都没有禁止学生政治活动的有效方法。我们考虑这个问题,觉得只有因势利导的一条路,还不失为教育事业中人值得一试的一条路。[1]

教育自身的活动中所无法解决的问题,就是讨论起来,也能够得到什么真际?

从教育自身说,根本上要转移学风,先要造成常态的学校生活。什么是常态的学校生活? 那就是教授、学生孜孜于研究教学的生活了。

另外,有一点实际的安排:就是全国教育会议所提过的导师制度(见前)。顶可诧异的,全国各大学,大都有校内的学生宿舍,除却有名的几个私立大学以外,似乎从来没有注意到:这群体生活,是最重要的一部分的教育。其实,造了

---

[1] 臧晖:《论学潮》,见《独立评论》第 9 号。

宿舍,就要设导师(德、法大学没有校内宿舍)。否则单呶呶于"师生视如路人,学校等于传舍",却怨谁呢?

读者或许要说:现在大学教授中间,最幸运的忙于研究发明,最不幸运的忙于兼职兼课,谁肯来做这劳而无功的导师?可是编者不相信 3200 位大学专任教员之中,竟找不出几个有心的青年指导者。大规模的国立大学,情形当然复杂些。但从每年新招的一年级学生试办,结合几个有心的教授,把教学、住宿集中在一个小小的院舍之中,略如一个"初级学院"。在有一二百万元经费的大学,这点设备,应该也不怎么困难。

在公私立各大学许多贤明的校长之中,谁先把这个试验做得成功,谁会造成中国大学教育上一个光荣的纪录。

所以像迈克尔纳翰那样的人是了不得的。自己当了多年的大学校长,却以多年对于教育问题的积感,对于大学青年的深心,跑到威斯康星去创一小小的试验学院(见第一章),为的是:

> 竭力主张学生要和教师亲近,以启发好学的精神,改变务外的心理。他的计划,也就是作教师和学生同处的安排。使他们成为一个社会的成员,过着共同的生活。教师遂能根据对于学生的相当的了解,本着亲切的友爱来领导他们,向着光明的路途走去。

参考书要目（英文）

一、关于大学的理想

Fisher, *The Place of the University in National Life*, Oxford University Press, 1919.

Flexner, *Universities: American*, *English*, *German*, Oxford University Press, 1930.

Huxley, *Science and Education*. Macmillan, 1892.

Kotsching (ed.), *The University in a Changing World: a Symposium*, Oxford University Press, 1932.

Meiklejohn, *The Experimental College*, Harper, 1931.

Newman, *The Idea of a University*, Longmans, 1852.

Osbern, *Creative Education*, Scribners, 1927.

Whitehead, *The Aims of Education*, Macmillan, 1929.

二、关于大学的组织

Association of American Colleges, *The Effective College*, (Kelly, editor) New York, 1932.

Barker, *Universities in Great Britain*, International Student Service, London, 1931.

Dover, *Schools of England*, Univ. of N. Carolina Press, 1929.

Institute for Administrative Officers of Higher Education, *Proceedings*, (Gray, editor) Univ. of Chicago Press, 1929 – 1932.

Kandel, *Comparative Education*, Houghton Mifflin, 1933.

Kent, *Higher Education in America*, Ginn, 1930.

Paulsen, *The German Universities*, (translated by Thilly and Elwang) New York, 1906.

Thwing, *The American and the German University*, Macmillan, 1928.

关于美国大学教育的许多书籍,另见本书第 16 页注释[2]。

后记

受了书馆委托编写一本《高等教育》的小册以后,我想:高等教育以大学为重心,因此写了以上"现代大学的理想和组织"、"中国大学的发展"、"大学教育的问题"三章。但关于专科学校、高级师范教育、国外留学等问题还没有涉及。而这三章又好像自成一个体系,所以就把它们单独地付印了。书的名称也改为《大学教育》。

朱君毅君介绍我编这本书,李熙谋君借给我欧游携归的几种参考材料,丁慰慈君襄助我编书中的第二章,都在这里敬志我的谢意。

二十二年(1933)十月十日,南京。

编校后记

　　孟宪承先生著的《大学教育》,写于 1933 年,翌年由商务印书馆出版。写此书的动机,如著者在"后记"中说的:"受了书馆委托编写一本《高等教育》的小册以后,我想:高等教育以大学为重心,因此写了以上'现代大学的理想和组织'、'中国大学的发展'、'大学教育的问题'三章。但关于专科学校、高级师范教育、国外留学等问题还没有涉及。而这三章又好像自成一个体系,所以就把它们单独地付印了。书的名称也改为《大学教育》。"

　　综观全书,三章的内容基本上是描述性的。著者从历史的和现实的角度,对当时的大学教育作了概括性的阐述,并带有比较高等教育的意识。显然,他的着眼点,是现实中国的大学教育。介绍欧美现代大学的理想和组织,是供时人借鉴欧美大学的教育理念和经验;叙述清末至当时中国的大学发展,则让时人了解大学教育是如何在近现代中国演变的;而提示当时中国的大学在组织上所存在的主要问题,是要促使时人共同来反思当时中国的大学教育应如何发展。

　　要理解著者的大学教育观,必须将其置入历史背景中去考察。孟宪承早年毕业于圣约翰大学,后留学于美国的乔治·华盛顿大学(获教育学硕士学位)和英国伦敦大学的教育研究院。所以,他对英、美的大学教育,有切身的体会和认识。在写《大学教育》前,他已先后历任东南大学、圣约翰大学、清华大学、第四中山大学、浙江大学、中央大学等国内多所高校的教授,并于 1925 年在上海参与创办光华大学。当时中国的大学,有国立、省立、私立和享有治外法权的教会大学四种类型,在教育观念上呈现出复杂的多样性。1919 年五四运动之后,科学与民主的思想以及民族主义在中国兴起。杜威(Dewey, J.)、孟禄(Monroe, P.)等美国学者先后应邀来中国讲学之后,又触发了实用主义教育思潮的盛行。科学教育、职业教育、美感教育、国家主义教育、平民教育等各种思潮和运动在中国涌现和激荡。而大学作为国家和社会的最高学术和教育机构,其发展和存在方式自然会引起关注。《大学教育》,就是产生在这一背景之下的。

英、美大学的留学经历,国内多所大学的教授经验和参与创办光华大学的体会,使他对现代大学的教育,能够从比较教育的视点来进行思考,力图在中国传统的大学教育思想中,纳入欧美大学的教育理念和组织经验,以改造当时中国的大学。除本书外,在 20 世纪二三十年代,著者还曾公开发表和演讲了对当时高等教育的一些看法,如《高等教育的新试验》(见《新教育评论》第 1 卷第 26 期,1926 年),《大学区制在江苏的试验》(见《国立第四中山大学教育行政周刊》第 1 期,1927 年)等。

在现代中国的大学教育思想史上,著者的贡献是通过引入美国实用主义哲学和德国黑格尔的辩证逻辑思想,提出现代大学的三理想,并强调要运用智慧来探求真善美,以试图改造中国传统的大学教育观。在《大学教育》的开首,他即对现代大学的理想开宗明义:"大学是最高的学府:这不仅仅因为在教育的制度上,它达到了最高的一个阶段;尤其因为在人类运用他的智慧于真善美的探求上,在以这探求所获来谋文化和社会的向上发展上,它代表了人们最高的努力了。大学的理想,实在就含孕着人们关于文化和社会的最高的理想。"这一理想就是他的大学教育观,是关于大学是什么的整体思考,是一种理念。其所言的大学理想有三:智慧的创获(大学的最高理想);品性的陶镕;民族和社会的发展。要实现这三理想,他认为大学还必须有三项具体的任务:研究(research)、教学(teaching)和推广(extension)。著者这一运用智慧来探求真善美的大学教育观,包含着他对现代大学教育的价值判断。他之所以在篇首以大学的三理想来提纲挈领,是因为当时中国的大学需要一种理想,以期指导大学的教育和为将来的发展作出定位。他试图为现实中的大学提供一种理想,而为实现大学的理想,大学的自身"必先是一个有机体的结构,目的确定、精神贯通、各部门的组织互相调整和联络,而后才能完成它的任务,实现它的最高的理想。"

总而言之,这是一本旨在向时人介绍何谓现代大学教育的入门书。而其中所提示、比较的一些内容和问题,不仅在当时,即使在今天的中国依然具有一定的现实意义。

贺晓舟

2009 年 12 月

图书在版编目（CIP）数据

大学教育/孟宪承著. —上海：华东师范大学出
版社,2010.4
（孟宪承文集；3）
ISBN 978 - 7 - 5617 - 7689 - 6

Ⅰ.①大…　Ⅱ.①孟…　Ⅲ.①高等教育-研究
Ⅳ.①G64

中国版本图书馆 CIP 数据核字(2010)第 073331 号

孟宪承文集·卷三

大学教育

主　　　编　瞿葆奎
副 主 编　杜成宪
著　　　者　孟宪承
项目编辑　陈锦文
审读编辑　李　雯
责任校对　汤　定
装帧设计　储　平

出版发行　华东师范大学出版社
社　　　址　上海市中山北路 3663 号　邮编 200062
网　　　址　www. ecnupress. com. cn
电　　　话　021 - 60821666　行政传真 021 - 62572105
客服电话　021 - 62865537　门市(邮购)电话　021 - 62869887
地　　　址　上海市中山北路 3663 号华东师范大学校内先锋路口
网　　　店　http://ecnup. taobao. com/

印 刷 者　江苏常熟华通印刷有限公司
开　　　本　787×1092　16 开
印　　　张　6.75
字　　　数　85 千字
版　　　次　2010 年 12 月第 1 版
印　　　次　2010 年 12 月第 1 次
印　　　数　1—2 100
书　　　号　ISBN 978 - 7 - 5617 - 7689 - 6/G·4450
定　　　价　28.00 元

出 版 人　朱杰人

(如发现本版图书有印订质量问题,请寄回本社客服中心调换或电话 021 - 62865537 联系)